メンタル・タフネス
Mental Toughness

はたらく人の折れない心の育て方

下野淳子

はじめに

　筆者は、海外赴任者とその家族のメンタルヘルス向上のセミナープロデュースなどを手掛けており、彼らを元気にする方法にはどのようなものがあるのかを探していたときに、ポジティブ心理学に出会いました。海外赴任者とその家族のためにと思って意気込んで学び始めましたが、次第に「これはどんな人にも有効な学問だ」と感じるようになりました。当時、日本の企業からは「あの人、うつで長期休暇なの」「まだ３年目なのに、辞めるらしいよ。なんだかもう希望がもてないらしいの」「海外駐在の任期途中で急に帰国したらしい」などの話が日々聞こえていました。

　そのような精神的トラブルを抱える社員は今日、ますます増加しています。仕事に対するモチベーションの低い管理職や、「ことなかれ主義」の社内風土に嫌気がさし将来への希望を見出せず退職してしまう若手社員、減ることのない残業に疲れ果てる若手・中堅社員。育児と仕事の両立で板挟みの女性社員や親の介護問題で悩む管理職など。

　最近の日本の状況を見ていると、このままでは世界から孤立していくように感じられて仕方ありません。「頑張れば認められる」「結果よりプロセスだ」「長時間働くことはよいことだ」など、かつて信じられていた精神論や根性論では、日本企業は生き残っていけないのです。

　世界を相手にしていくには、「強い元気な日本」にならなければなりません。それは、すべての人々の「心のありよう」、すなわちメンタル・タフネスに委ねられているといっても過言ではありません。言い換えるなら、少しのことでは心が折れたりせずに、生き抜くことが

できる「強い元気な社員」を育てることが緊急の課題となっているのです。

　その方法として本書は、ポジティブ心理学という科学的な統計にもとづくアプローチを通じて、だれにも備わっているポジティブ・サイキャップ（Positive Psychological Capital；心理資本。PsyCapと記される）を鍛え強化し、メンタル・タフネスを向上させる「心のスキル」を取り上げます。

　本来、心理学はうつ病や精神障害などの病理の改善に寄与してきた学問ですが、近年は「よりよい心理」すなわちWell-Being理論といった、プラスの研究が盛んになりつつあります。これは、大きなとらえ方をするなら、病気にならないための「予防策」の位置づけであり、人々をより元気にし、よりよい人生を送るための学問でもあります。

　「いまの日本人は、病院にいくほどではないが、ちょっと心が弱っている人々が70％を占めている」と、認知療法の権威である大野裕先生は発言しています。その「ちょっと弱っている人たち」が元気になれば、日本の心理資本を底上げし、大きな日本の「心の力」になります。

　本書が、よりよい職業人生につながり、よりよい人間関係を育み、よりよい人生を生き抜くための参考になれば幸いです。

2015年10月
下野　淳子

目 次

はじめに

プロローグ …………………………………………………………… 9
なぜ彼は会社に行けなくなったのか／逆境から学ぶところに成長がある／メンタル・タフネスを強化するポジティブ組織行動論／タフガイ、タフ女に共通するもの／メンタルタフネス（心の力）は鍛えられる／感情や心のあり方をコントロールする

ポジティブ心理資本アセスメント …………………………………… 15

第1章　Hope［希望をつくり出す］…………………………… 17

1　希望の効果 ……………………………………………… 18
「希望」（Hope）とは何か／希望を失った組織の行く末／人が生きることの意味と意義／将来の変化を実現させる力

2　Goal-Setting［目標を設定する］………………………… 23
意欲を高める目標設定の3要件／目標に優先順位をつける／目標をもつことの重要性

3　Way-Power［見通す力をつける］……………………… 28
進むべき道筋をみつける／到達法発見（Path-Finding）のステップ／目標を表明することの意義と効果／創造的問題解決力とWay-Powerを高める

4　Will-Power［意志力を鍛える］…………………………… 35
「意志力」（Will-Power）が目標を達成していく／意志力を鍛える3つの方法／決定疲労と自我消耗

5　Weak-Ties［ゆるい人間関係と大きな希望］…………… 41
日本人は何に希望を求めるのか／役立つのは、立ち位置の違う人からの情報提供／ゆるいつながりを通じて得られる「新しい世

界」／希望（Hope）をつくり出す

　希望アセスメント ……………………………………………………… 45

第2章　Self-Efficacy［自己効力感を高める］…… 47

　1　自己効力感とは ………………………………………………… 48
　　「できるかもしれない」という自分への信頼／自己効力感が問題解決力を引き出す／自己効力感を高める4つの要因

　2　成功体験がもたらす自信 ……………………………………… 53
　　「困難な課題」達成が次の成果につながる／自己効力感の強度を高める

　3　代理体験（モデリング）とメンタル強化 ………………… 55
　　ロールモデルとメンターの重要性／自己効力感に与える代理体験の影響／世界ナンバーワンの選手が普通の人に見えてくる

　4　励ましとポジティブ・フィードバック ……………………… 58
　　課題達成に向けてやる気を喚起する言語的説得／成功体験の裏づけがあることが前提／リーダーシップに不可欠なポジティブ・フィードバック

　5　心身の健康を良好に保つ ……………………………………… 61
　　スポーツ選手にとってのプレッシャー／発想の転換やムードづくりも大切

　自己効力感アセスメント ……………………………………………… 63

第3章　Resilience［逆境からしなやかに立ち直る］… 65

　1　レジリエンスとは ……………………………………………… 66
　　だれにも備わっている「逆境から立ち直る力」／心の力は鍛えられる／マッスルを鍛える5つのメソッド

　2　ネガティブな感情をポジティブに転換する−メソッド1 …… 70
　　気晴らしでネガティブ感情を鎮める／自己効力感がポジティブ感情を呼び起こす

3　ネガティブな思い込みのクセを知る − メソッド2 ……… 73
SPARKモデルで示される思考と行動／いつもと違うとらえ方をしてみる

4　「思い込みのオウム」を探せ − メソッド3 …………… 78
代表的な7つのネガティブ感情／あなたが飼っているのは何オウムですか／思い込みのオウムにどう対処するか／ネガティブな感情を好転させる

5　自分史から「強み」をみつける − メソッド4 ………… 85
6つの美徳と24の強み／自分史（レジリエンス・ストーリー）を紡ぐ／レジリエンスに焦点を当て、強みをみつける／強みを人生や仕事に活かす

6　ソーシャル・サポートを活用する − メソッド5 ……… 91
心が軽くなるように援助しあう／「感謝の手紙」を書くと自分の幸福度が上がる／コミュニケーションを通じて築く強い絆／相手を尊重し、主張すべきことは伝える／アサーティブ・コミュニケーションは習得できる／いざというときに頼れるネットワークを広げる／感謝の気持ちが心の力を支える／レジリエンスを通じて人生の意義や意味を探る

レジリエンス・アセスメント ……………………………………… 99

第4章　Optimism［楽観性を育む］……………… 101

1　楽観主義と悲観主義 ……………………………………… 102
「不運の連鎖」が起きる人／必要なのは両者のバランス

2　楽観的見方と悲観的とらえ方の落差 …………………… 105
解釈の仕方に生じる落差／良いことも、とらえ方で大きく異なる／楽観主義のほうが自己効力感が高い

3　自分のなかの楽観性を育てる …………………………… 109
悲観性はどのようにして形成されるのか／楽観性を育むには／「心配の時間」に集約させて心配する

4　日本人に多い防衛的悲観主義 ……………………………… 113
人は楽観・悲観の二極面のみで分けられるのか？／入念な準備が高い成果をもたらす

5　楽観主義、悲観主義の４つのタイプ ……………………… 117
防衛的悲観主義と方略的楽観主義にみる「気晴らし」／「ノレムのダーツ実験」にみる不安の軽減

楽観性アセスメント ……………………………………………… 121

第5章　Well-Being［幸福を実感する］ ……… 123

1　幸福感、充実感の追求 …………………………………… 124
メンタル・タフネスとウェルビーイング／「幸福とは何か」を追求する２つの潮流

2　所得水準と幸福度 ………………………………………… 127
収入と幸福度は必ずしも比例しない／幸福感は個人ごとに異なる

3　幸福感向上につながるお金の使い方 …………………… 131
自己決定理論を満たすものにお金を使う／経験にお金をかける／他人に対してお金を使う／時間にお金を使う／先払い習慣を身につける

4　仕事に見出す幸福度 ……………………………………… 136
何のためにその仕事をするのか／自分の仕事に意味や意義をみつけ出す／快楽順応に終わりはない

5　仕事を可視化するジョブ・クラフティング ………………… 140
ジョブ・クラフティングの３つの柱／「私の仕事の棚卸表」を作成する

私の仕事の棚卸表 ……………………………………………… 142

表紙カバーデザイン──林　一則
イラスト

プロローグ

なぜ彼は会社に行けなくなったのか

　入社7年目のＳ氏は、かねてから希望していた部署への転属がかない、「この部署で成果を出すぞ！」と意気込んでいました。もともと生真面目で体育会系気質のＳ氏は、先輩の言うことは絶対に守るタイプで、上司の指示は完璧にこなさなければならないと、朝早くから夜遅くまで働き続けました。直属の上司は大変優秀で周囲からの評判もよく、バリバリ仕事をこなしていますが、Ｓ氏はいつまでたっても上司のようには仕事がこなせません。「自分は能力が低いに違いない」「きっとこの上司のようにはうまくできない」「やってもやっても仕事が終わらない」という思いが募っていきました。「もう無理です。ちょっと待って」の一言が言えないのです。

　常に仕事のことが亡霊のようにつきまとい、朝起きれば、「会社に行かなくちゃ」という言葉が頭の中でこだましていました。そんなある日、「もう無理なんだよ。早くここから逃げたい」という言葉とともに、頭の中で鐘がガンガン鳴り始め、起き上がることもできなくなりました。身体の中から警鐘が鳴りだしたのです。

　「もう、無理なんだ」

　Ｓ氏は会社を休みました。その後、半年の療養生活を経て、いまは新しい職場に復帰しています。当時を振り返り、Ｓ氏は次のように話してくれました。

　「あのときは、新しい環境で周りの人ともあまり打ち解けることもせず、ただただ、上司の期待に応えなければと必死でした。できない

ヤツと思われてはいけない。わからないことを周りの人に聞いたら、バカにされるかもしれない。そう思うと、怖くて聞けないこともたくさんありました。指示される仕事を抱え込み、自分の勝手な思い込みで自分はこうあるべきだと決めつけて、どんどん自分自身を孤立させ内へ内へと追い込んでいったんだと思います。しかし、身体は正直ですね。気持ちとは裏腹にどこかに支障が出てくるんです」

「あのころの自分は弱かったと思います。でも、あの経験から、どうするとしんどくなるのか、自分の気持ちを抑えつけるとどうなるのかなどを学びました。いまは、自分に素直になることができ、楽しく仕事ができています。わからないことがあれば、周りに助けを求められるようになりました。無理だという言葉を発することは、自分の弱さをさらけ出すことではないと学んだんです。仕事を一人で抱え込まないことで、ほかの人とうまく連携がはかれたり、関係性が深まったり、もっと挑戦できるのではないかと考えるようになりました。当時の経験は、自分にとっては試練だったのだと思っています。いまでは、メンタル面は比べものにならないほど強くなりました」

逆境から学ぶところに成長がある

人は、人生のいろいろなところで思いもよらぬ障害や困難な出来事に遭遇します。職場での人間関係、手に負えない課題、家庭のトラブル、子どもの教育問題、親の介護など、日々の些細な出来事もあれば、乗り越えることが困難に感じられる、行く手をふさぐ大きな壁のようなものまで、さまざまな形で予期せぬときに生活の中にあらわれます。私たちは、生まれてから死ぬまで「障害物競争」を完走するために生きているのかもしれません。

だからといって、不安に怯える必要はありません。次から次へと望まないネガティブな出来事が目の前に立ちはだかったときにも、人にはその壁を乗り越えていくことのできる力があります。目の前の小さ

な壁、大きな壁を乗り越え、「意味も意義もあるいま」を力強く生き抜く力こそが、メンタル・タフネスです。そしてその力は精神的な成長につながるのです。

「何度も失敗し、逆境から学ぶところに成長がある」とは、日本の宇宙開発の父である糸川英夫博士の言葉です。

メンタル・タフネスを強化するポジティブ組織行動論

ポジティブ心理学の研究のひとつとして注目されている考え方に、ポジティブ心理資本（Positive Psychological Capital；PsyCap。以下、サイキャップ）があります。サイキャップは、アメリカ経営学会の会長を務めたフレッド・ルーサンス博士（ネブラスカ大学）、リーダーシップ研究者のブルース・アボリオ教授（ワシントン大学経営大学院）らがポジティブ心理学を産業界や人事および組織に応用したPOB（Positive Organizational Behavior；ポジティブ組織行動論）の研究から発展してきたものです。

サイキャップは、Hope（希望）、Self-Efficacy（自己効力感）、Resilience（再起する力）、Optimism（楽観性）の4つの要素から成り立っており、それら4要素の頭文字をとって"HERO"とも呼ばれています（図表参照）。そして、仕事のパフォーマンスや組織のあり

図表　サイキャップを構成する4つの要素

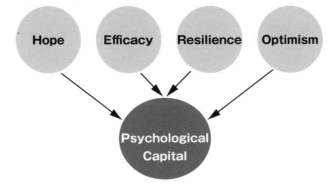

方、人の行動や態度と相関関係があることが、ルーサンス博士らの実験を通じた研究で明らかになっています。

　サイキャップの高い従業員は仕事で高い成果を出し、仕事への満足度も高く、安定した組織的成長を実現する傾向が認められました。また、HEROのどれか一つだけが突出して高くても成果にはつながりにくく、4つのリソースがまんべんなく統合的に高い人がより高い成果を出せることがわかっています。このような特徴を有するサイキャップは、だれにも備わっているものであり、開発し伸ばしていくことができるのです。

タフガイ、タフ女に共通するもの

　タフガイという言葉がありますが、どの職場にも、「あの人はタフだ」といわれる人がいるようです。女性であれば、タフ女、タフ女子などの呼び名になるのかもしれません。

　タフガイやタフ女には共通点があります。それは、①新しい環境においても常に希望を生み出して将来のビジョンや目標をもっていること、②そこへ向かうために必要な仲間やネットワークを築いていること、③途中で失敗しても何度も挑戦し、あきらめない（レジリエントな人である）こと、そして、④最後にはなんとかなるという楽観性が高いということです。さらになんといっても、彼らは、⑤よく笑い、困難や逆境体験を独自の目線でユーモラスに語ることができます。

　言い換えると、希望（Hope）を持ち続け、「やればできる」と考え（Efficacy）、へこたれることなく（Resilience）、何度でも立ちあがることができるので、このような逆境に打ち勝つ力があることに加え、「最後にはきっとうまくいく」と考える楽観性（Optimism）も認められます。

　筆者の周りにも、タフガイやタフ女が存在します。ある女性は、事務職やらホテル勤務などいろいろな職を経たのちに、子どものときか

らの夢であるキャビンアテンダント（以下、CA）になりました。CAは天職だといきいきと働く彼女に、時差に悩まされることがないのかたずねたところ、「時差なんて言葉があると思ってるから時差が始まるのよ」と一喝されました。なんと楽観的というか、時間という概念さえも自分流にコントロールしてしまう精神力に驚かされました。

メンタル・タフネス（心の力）は鍛えられる

　そんなメンタル・タフネス、すなわち「心の力」は成長する過程で備わるものなのか、生まれもったものなのかはわかりませんが、それは、だれでも鍛えることができます。

　ポジティブ組織行動論のなかでルーサンス博士は、サイキャップ（心理資本）がまんべんなく高得点の人がメンタルが強い人であり、メンタル・タフネスを備えた人が組織の中でハイパフォーマーになると提唱しています。また、サイキャップを構成する4つの要素（希望、自己効力感、再起する力、楽観性）は、それぞれを鍛えることにより、希望はレジリエンスに作用し、自己効力感はレジリエンスや楽観性を、レジリエンスは希望を導き出し、楽観性に作用するというように、一つひとつの要素が影響しあいそれぞれの要素を向上させ、統合的な高い水準のサイキャップ（心理資本）を生み出すことにつながっていきます。

　筆者は、一人ひとりのメンタル・タフネスは"HERO"というサイキャップを統合的に鍛えていくことで構築されると考えています。サイキャップが統合的に高得点の人が多く存在する企業や、従業員一人ひとりが統合的に高い水準のサイキャップを備えている企業は、個々の従業員の力が事業を支える底力となるとともに、自分が働く会社に対する絆（エンゲージメント）を高め、それが強い企業を、ひいては強い日本をつくり上げていくのではないでしょうか。

　ルーサンス博士はこうも述べています。

「組織にとって財務（金融資本：資産、予算）、人間（人的資本：教育、スキル、知識）、社会資本（ソーシャル・キャピタル：社会・地域における人々の信頼関係や結びつき、人間関係、社会的ネットワーク）の分野へ投資を続けるのは確かに重要だが、ストレスフルな現代社会の状況（日本であれば終身雇用から成果主義への移行など）を考えると、それだけでは十分とはいえないかもしれない。いろいろな研究結果をみると、心理資本（サイキャップを伸ばすような活動。たとえば研修など）への投資によって、従来の投資よりもはるかに大きなリターンを得ることができると考えられる」

感情や心のあり方をコントロールする

　本書は、力強く生き抜く力を伸ばすこと、だれもがもっているメンタル・タフネスをより強固にすることができればと、現代のポジティブ心理学の研究結果をもとに、取りまとめたものです。

　ただし、この本を読んだから明日から私は大丈夫というものではありません。いくつもの障害や困難、逆境を経験し、それを乗り越えていくことができたときにメンタル・タフネスは強化されていきます。仕事や人生においてどうしようもない焦燥感やイライラ感、モヤモヤ感に陥ったときに、希望を生み出し目標をみつけ出す力や、いろいろな障害や困難、逆境にぶつかったときに、どのように自分自身の感情や「心のあり方」をコントロールしたらいいのか。サイキャップ（心理資本）を構成する"HERO"の一つひとつを高め、統合的に高い基準に到達するためのヒントになれば幸いです。

ポジティブ心理資本アセスメント

　次の各問に自分がどの程度同意するか、以下の６段階から自分の感覚にもっともよくあてはまる数字を選んでください。

1.	2.	3.	4.	5.	6.
まったく同意しない	同意しない	あまり同意しない	やや同意する	同意する	強く同意する

①私は、上位者との会議において自分が仕事の領域を代表することに自信を感じている　　　＿＿＿＿
②私は、会社の戦略に関しての議論に貢献することに自信を感じている　＿＿＿＿
③私は、同僚に情報を発表することに自信を感じている　＿＿＿＿
④私は、仕事で困った自分に気づいたときにそこから抜け出す方法をいくつも考えられる　　　＿＿＿＿
⑤私は、いまの自分は仕事が順調でかなりうまくいっていると思う　＿＿＿＿
⑥私は、現在の仕事で目標に達する方法をいくつも思いつくことができる＿＿＿＿
⑦私は、現時点では、自分で設定した仕事の目標を達成している　＿＿＿＿
⑧必要であれば、私は仕事を自力ですべてこなすことができる　＿＿＿＿
⑨私は、ストレスを感じるような仕事でも常に楽々とやり遂げることができる　　　＿＿＿＿
⑩私は、以前に困難な状況を経験したので仕事での難局を乗り越えられる＿＿＿＿
⑪私は、自分の仕事に関していつも明るい側面を見ている　＿＿＿＿
⑫私は、仕事において将来どんなことが起きても楽観的でいられる　＿＿＿＿

(1) 自己効力感（Self-Efficacy）
　　①、②、③の合計　　　　　　　　　　　　　　　　　_____点
　　①、②、③の平均値　　　　　　　　　　　　　　　　_____点
(2) 希望（Hope）
　　④、⑤、⑥、⑦の合計　　　　　　　　　　　　　　　_____点
　　④、⑤、⑥、⑦の平均値　　　　　　　　　　　　　　_____点
(3) 再起力（Resilience）
　　⑧、⑨、⑩の合計　　　　　　　　　　　　　　　　　_____点
　　⑧、⑨、⑩の平均値　　　　　　　　　　　　　　　　_____点
(4) 楽観性（Optimism）
　　⑪、⑫の合計　　　　　　　　　　　　　　　　　　　_____点
　　⑪、⑫の平均値　　　　　　　　　　　　　　　　　　_____点

◆(1)〜(4)各項目の平均値が高いとその傾向が強いと考えられます
◆①〜⑫の合計が48点以上の場合、心理資本が高いと考えられます

出所：F.Luthans,B.Avolio,J.B.Avey & S.M.Norman,2007（PCQ12）

第1章

Hope
［希望をつくり出す］

1 希望の効果

「希望」（Hope）とは何か

　近年、世界各地で大きな自然災害が相次いでいます。日本をみても、阪神・淡路大震災、東日本大震災、集中豪雨など、とてつもない自然の力に人は逆らうことができませんでした。そして多くの人が絶望し、苦悩の日々を送ることを余儀なくされています。

　そのような先の見えない最悪の状況下でも何かに向かって動き出す人々がいます。その「何か」が、希望ではないでしょうか。

　希望という、とらえにくく曖昧なものを概念化したのが、チャールズ・R・スナイダー教授（カンザス大学心理学部）の希望理論です。そこでは、「希望とは、目標は達成できるという期待感である」とし、希望のある状態を、

　①自分が実現したいと望む意欲的な目標がある→Goal（目標）
　②それを実現する能力と意志の力がある→Agency（発動力）
　③その目標にどう到達するかの見通しや計算がある→Pathway（道筋、小道）

とあらわしています。ということは、それらがあれば希望はつくり出すことができるはずです。そこで本書では、①のGoalををGoal-Setting（目標を設定する）、②のAgencyをWill-Power（意志力を鍛える）、③のPathwayをWay-Power（見通す力をつける）と表現し、希望を生み出す方法を考えていきます。

　　希　望　＝　目標設定力　＋　意志力　＋　見通す力
　　Hope　　　Goal-Setting　　Will-Power　　Way-Power

ところで、希望が「ある」のと「ない」のとでは、どのような違いが生じるのでしょうか。
　希望があることでもたらされる効果は、個人と組織とで異なります。希望の高い人は、成功を想像しポジティブ感情をつくり出すことができ、いまよりも困難な目標を設定し、それを達成していくようになります。また達成過程において起こりうる問題を解決できると考えます。たとえば学生であれば学校生活への適応力があり、進路・学業面にもすぐれ、スポーツなどでも好成績をあげています。病気を患っている人は病に立ち向かう力や回復力が高いともいわれています。
　一方、組織にとっての希望の効果をみると、希望の高い組織は、明確な目標を設定し、従業員の自主性があり、自発的な問題解決を行なうことができる状態にあります。また、高い希望を有するリーダーが率いる組織は、収益性の高い事業を担うことが多く、部下の満足度も高く、従業員の離職率は低いといわれています。

希望を失った組織の行く末

　具体例で考えてみると、それがよくわかります。
　ある大手機械メーカーに勤めるＳ氏は、入社３年目にして会社を辞することになりました。有名大学出身で学力優秀、厳しい就職戦線を勝ちぬき希望の企業へ入社し順風満帆な職業人生を歩み始めました。新入社員の頃はスポンジのように仕事を吸収し、やる気満々、希望にあふれる社会人生活を送っていました。
　ところが、２年目、３年目と会社の業績不振が続き事業縮小、統合などで日々、会社の力が弱まっていくのが目に見えてきました。給与の引き下げや高年齢社員の人員整理も始まり、社内のムードは少しずつ暗いものになっていくなか、Ｓ氏は「僕たちが頑張らなければ」と若い力と希望をもって日々元気に仕事に取り組みました。
　しかし、保身に走る上司たち、業績の悪い事業所からさっさと逃げ

出していく上層部の人間たち、挙句の果てには事業所のトップまでもが退職金やインセンティブを受け取って辞めてしまう有様で、社内のムードは重い空気となってS氏に襲いかかります。そんな状況下で仕事は増え続けるものの、やってもやっても評価されることはありません。だんだんと虚しさを感じ、自分だけが意気込んで空回りしているように思え、職場や将来に希望をもつことができなくなり、とうとう退職を決意するに至ります。

　希望があるということは、個人にとっても組織にとっても大変重要な要素です。希望が低い組織では、仕事や人に対する文句が蔓延し、やる気が削がれる傾向にあり、ストレスフルな職場からは優秀な人材が流出していきます。

人が生きることの意味と意義

　日本では自殺者が毎年2万5000人を超え、特に中高年男性に自殺が多いのが日本の特徴と指摘されています。職業性ストレスがその大きな要因といわれるように、多くの人が常にストレスにさらされ、将来に希望がもてない状況におかれています。

　ここで、ユダヤ人強制収容所から奇跡的な生還を果たしたユダヤ人の精神科医ヴィクトール・E・フランクルの著書『夜と霧』の一部を紹介します。極限の状況下、囚人たちが何に絶望し、何に希望を見出したかが冷静な視点で綴られています。

　「勇気と落胆、希望と失望というような人間の心情の状態と、他方では有機体の抵抗力との間にどんなに緊密な連関があるかを知っている人は、失望と落胆へ急激に沈むことがどんなに致命的な効果を持ち得るかということを知っている。（中略）1944年のクリスマスと1945年の新年との間に、収容所では未だかつてなかった程の大量の死亡者がでているのである。彼の見解によれば、それは過酷な労働条件によっても、また悪化した栄養状態によっても、また悪天候や新たに現れ

た伝染疾患によっても説明され得るものではなく、むしろこの大量死亡の原因は単に囚人の多数がクリスマスには家に帰れるだろうという、世間で行われる素朴な『希望』に身を委ねた事実の中に求められるのである。クリスマスが近づいてくるのに収容所の通報は何ら明るい記事を載せないので、一般的な失望や落胆が囚人を打ち負かしたのであり、囚人の抵抗力へのその危険な影響は当時のこの大量死亡の中にも示されているのである」

極限のなかでも人は希望によって命の火を燃やすことができるという事実が書かれています。そしていかに人生に希望をもつことが大切かを垣間見ることができます。

フランクルはその後、「人生はどんな状況でも意味がある」と説き、ロゴセラピーという心理療法を創始します。ロゴセラピーとは、どんな生活状況のなかでも「生きる意味や意義」を充実させることができるように援助しようとするものです。

将来の変化を実現させる力

最近では「意志力」に注目した『スタンフォードの自分を変える教室』(ケリー・マクゴニガル著)というビジネス書がベストセラーになりました。そこでは、何かをやり遂げようと目標に向かっていてもついつい意志力は弱まってしまうもの、そんなときは自分の「望む力」を利用してやる気を出し、モチベーションをアップさせよう、と記されています。

このように、仕事上の大きな目標においても、日常の小さな目標であっても、それを達成できると思い描くことでつくり出せる力が、「希望」です。目標の達成が困難なときや、目標が非常に重要であるときに、この希望という「心の力」は特に効果を発揮し気持ちの底上げをしてくれます。

そして希望とは、現状ではなく未来へ目を向け変化を期待すること

でもあります。ただし、希望をもっているだけで目標に向けた行動を何もとらなければ、その希望は「絵に描いたリンゴ」にすぎず、けっして手にとることも、食べることもできません。変化に向けて行動することが重要なのです。また、将来の変化を実現していくときに、一人の力では達成するのが困難なときもあります。そのような場合には同じように変化を実現させていきたい人たちといろいろな道を模索しながら行動していくことが、希望をかなえるエンジンになっていきます。

　第1章ではそんな希望をつくり出す具体的な方法を紹介します。

2 Goal-Setting ［目標を設定する］

　ビジネスの場においては多くの場合、「事業計画」を策定します。事業計画は会社を運営していくために達成しなければならない一つの指針です。事業計画とはいうものの、それは、組織としての目標設定といってもよいでしょう。販売の目標、経費の目標、技術開発の目標、人事や合理化の目標など、さまざまな目標を設定し、それらを達成しなければ、会社は立ち行かなくなってしまいます。また、その目標があればこそ、従業員一人ひとりがその目標に向かって努力していくことができます。すなわち目標は、人間のモチベーションを維持向上させるために非常に重要な役割を担っていると言い換えることができます。

　心理学者のデヴィッド・マイヤーズとエド・ディーナーも「幸せは、好ましい環境内での静かな体験よりも、目標に向けた価値ある活動と前進のなかでより勢いよく成長する」と示しています。

　そこで以下では、個人が「希望」を見出す力をつけるには、どのような目標を設定したらいいのか、それをメンタル・タフネスを鍛えるためにどうつなげていくのか、その方法について考えていきます。

　仕事、地域活動、プライベートなど、すべてを含めた自分の人生を、よりよく豊かに生きるためにはどうしたらいいのか、そのための信念や強い関心、目標にはどういうものがあるのか、自分の人生はどうありたいかをいま一度考えてみてください。

意欲を高める目標設定の3要件

　目標は、次のような3つのタイプに分けられます。

①外発的目標か、内発的目標か

外発的目標とは、掲げた目標が
- Have to（〜するべき、しなければならない）で表現されるもの
- 他者から与えられたもの
- 報酬、地位、名誉、他者の承認を得るためのもの
- 他者や外部に依存するリスクがあるもの

です。これに対して内発的目標とは、
- Want to（〜したい）と自ら望むこと
- 自己が選択した心の底から達成したいというもの
- そのプロセスがワクワクしたり、活力を生むもの
- 幸福、充実、自己決定力を生み出すもの

です。内発的目標は、**図表1-1**に示すように、時間の経過に比例して成果が上がっていくことがわかっています。

ここでは、外発型ではなく、内発型の目標設定をめざします。

②回避型目標か、接近型目標か

回避型目標とは、掲げた目標が
- ネガティブで将来の不安が含まれているもの、後ろ向きで弱気なもの
- 望ましくない結果を回避しようとするもの
- 失敗を予期させるもの
- 「〜しない」などの否定形で表現されるもの

図表1-1　時間の経過にともなう行動量の変化

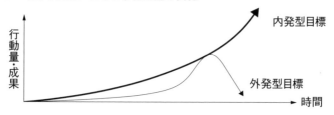

です。たとえば、「試験に落ちないように勉強する」「面接に落ちないように頑張る」「競合に負けないように準備する」「肥満にならないようにダイエットする」「病気にならないように食に注意する」などが該当します。

これに対して接近型目標とは、
・ポジティブで将来の期待が含まれているもの
・前向きで解決志向的なもの、望ましい結果を想起させるもの
・成果や達成感があるもの
・「できる」「やれる」などの肯定形で表現されているもの

です。「試験に合格するように勉強する」「面接に合格するように頑張る」「競合に勝つように準備する」「健康で美しくいるためにダイエットする」「健康でいるために食を選ぶ」などが例としてあげられます。

ここでは、接近型になっていることが重要です。

③自己一致型の目標か

目標は、自分のニーズやモチベーション、価値観と一致していることが大切です。複数の目標が対立関係にあると、自分のなかでジレンマを起こしてしまい、その達成がなかなか進まない状況に陥ります。

たとえば、「仕事でだれよりも懸命に働く」と「ワークライフバランスを維持する」、「お金持ちになって旅行三昧」と「低い給与でも有意義なNPOで働く」、「ダイエットして美しいボディラインをキープしたい」と「美味しいお菓子やケーキを毎日食べたい」など、矛盾する目標はたくさんあります。その両者を同時に目標として設定すると自分の内部で「心の葛藤」が生じ、その達成は両者ともむずかしくなります。

そこで、対立させずに価値観を自己一致させるには、「仕事でだれよりも懸命に働くために3年間はワークライフバランスは据え置きに

する」「お金持ちになって旅行三昧したいので、高い給与で長い休暇をとれる会社に就職する」「ダイエットして美しいボディラインをキープするためにお菓子やケーキを毎日は食べないようにする」というように目標にフォーカスし、整合性をもたせる必要があります。それが、自己一致型での目標設定です。

目標に優先順位をつける

　上記の①～③をもとに、プライベートから仕事上のことまでを含めて、心の底から本当にしたいと思うことは何かを自分に問いかけてみてください。

　では、具体的にまず、目標のリストアップをしてみましょう。できるだけ多くの目標を設定し、その重要度を記していきます（**図表1-2**）。次に、それらに優先順位をつけていきます。

　その際、長期目標（2～5年の長い期間の中で達成したい具体的な目標）はどれか、長期目標を達成するために段階分けした1年以内で

図表1-2　目標のリストアップ
[**目的**] 優先目標の選択と明確化
[**方法**] できるだけ多くの目標を設定し、その重要性を判断する
[**重要度**] 「いまの自分にとってまったく重要でない」から「もっとも重要だ」の
　　　　　5段階であらわすと、どのあたりだと感じているか

目標	重要度	達成期間

＊目標に優先順位をつけ、そのうえで長期目標か（2～5年以内）、短期目標か（1年以内）を明確にする
＊長期目標については、その達成のための短期目標を立てると目標設定がより実現可能なものとなる

達成できる目標（短期目標）は何かを明確化し、そのうえで、前述の①〜③の要件を満たしているかを確認します。

目標をもつことの重要性

　目標と幸せに関する研究を行なっている、コロンビア大学の研究者ケノン・シェルダンとロチェスター大学のアンドリュー・エリオットは、「もしも幸せを追求するならば、周囲の人たちの期待や社会通念に従うのではなく、自分が本当に行ないたいことを目標として設定し、その達成をめざすべきである」と記しています。また、『ハーバードの人生を変える授業』の著者、タル・ベン・シャハーは「目標を達成することよりも、目標をもつことのほうが重要だ」と述べています。

　目標を立てると、その達成のために何かをあきらめたり、無理をしてがむしゃらに頑張らなければならいとネガティブな思いを抱く人がいるかもしれませんが、本当の意味での目標は、心の底から湧き出るものです。やらされ感があったり、「やらねばならぬ」といった、外からの圧力を感じながら達成していくのではなく、「こうありたい自分」になるために、その達成のプロセスにおいて「楽しい」「幸せ」「感謝」などのポジティブ感情を高めるものであるべきです。

　そしてこの、目標を設定するという過程は目標を達成していくプロセスを経て、次項の「Way-Power」（見通し力）、「Will-Power」(意志力）を通じてポジティブな感情が芽生え、希望へとつながっていく、その最初の一歩になります。

3 Way-Power ［見通す力をつける］

進むべき道筋をみつける

　Way-Power（見通し力）とは、定めた目標を達成していくために具体的な行動に落とし込んでいく方法をみつけることで、Pathway（道筋、小道）をみつける、あるいはつくり出す力のことです。

　就職活動を例にすると、ある人はクラブの先輩を頼っていったらトントン拍子に決まり、ある人はエントリーシートを50社、100社と提出して就職でき、またある人はバイト先にそのまま勤めることになったなど、「就職する」という共通の目標を達成するにしても方法は人それぞれです。どれが正しくどれが間違っているというものではありません。

　あるいは、登山ルートをみても、頂上をめざす道筋は多数あります。ある人は一直線に、ある人はあっちへ行ったりこっちにそれたり、場合によっては溝にはまったり、あるいは急勾配を一気に駆け登る道筋であったり、周りの自然を感じながらゆっくりゆったりと登る道筋など、さまざまな登り方があります。しかし、そのいずれもが、頂上という「成功」に至る小道です。そして頂上に立ち、登ってきたルートを振り返ったときに、これが自分のPathwayだったとわかるものです。

　このようにPathwayは、「成功」から振り返るとそれがよくわかります。それは、自分がたどってきた道をなぞることだからです。これに対してこれから登ろうとする登山口から山頂を仰いだときには、普通はPathwayは見えません。山頂という目標は見えても、Pathwayは

木々に覆われていたり、雲に隠れていたりします。そんなときには、どうしたらいいでしょうか。登山マップを見たり、コンパスを使ったり、経験者に教わったりしますが、目標達成においてこの役目をしてくれるのが、Way-Powerの数々のメソッドです。

ここではそういったメソッドを紹介していきます。

到達法発見（Path-Finding）のステップ

①目標を細分化する（Stepping）

さまざまな障害を予想し、代替案を考え、一つの目標に到達するための道を複数、導き出します。想像力を働かせ、目標への到達方法を数多くもつことが、希望の高い状態を生み出します。

②障害を予想する（Road-Blocks）

目標達成を妨げる障害、問題、課題などを現状分析します。

・障害となっている外部条件は何か（時間・金・知識・能力が足りない、大きな労力がいる、上司に承認されない、家族や友人の反対など）

⇒不足しているリソース（資源）、妨げとなっている人を確認します

・自分自身の内面的な障害はないか（失敗するかもしれないという不安、他人から批判や反対を受けるのではないかというおそれ、やる気が出ないなどの疲労感、人前に出るのが恥ずかしいなど）

⇒自分自身のネガティブな感情を確認します

③到達法を発見する（Path-Finding）

目標達成ストーリーを自身で作成し、それを周りの人に話します。ストーリー作成にあたっては、「自分が立てた目標設定ストーリーの始まりから達成までの全体像を可視化して俯瞰」（Meta-View）することがポイントとなります。

全体像を可視化するには、**図表1-3**のようにピン（サブ目標）、お

図表1-3 可視化して全体像を俯瞰する

目標達成に向けて現状を語る
（ボード、ピン、ブロック、動物などを用いる）
⇒思考を外在化させる

▼

・自分の内部に気づきが生じる
・目標が変わる
・楽観的になる（できるかも）
・気づいていない恐怖などを認識する
・さらに先の目標がみつかる

▼

目標達成に向けた行動計画作成
（いつまでに、何を、だれに対して行なうか）

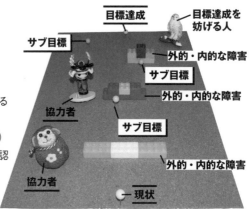

もちゃのブロック（障害予想）、おもちゃの動物や人形（目標達成を妨げる人）などをコルクボードに立てて現状をボード上にあらわす方法がよく使われます。ボードの下側が現状、一番上を目標達成地点とし、自分自身の状況をじっくりと俯瞰します。

このように見える化することで、自分の内部に気づきが生まれ、目標が変わったり楽観的になったり、気づいていない恐怖などを認識できるようになります。また、心の中や頭の中にあるものを目に見える形にあらわし、目標やその到達方法を人に語ることで、現状をさらに深く認識できるようになることから、サブ目標の誤りや、自分の間違った思い込みなどに気づく場合もあります。その結果、目標に向けての道筋を明確にでき、さらに先の目標がみつかるようになります。

④未来像を明確化する（Future-Perfect）

ここからは2人あるいは3人で解決志向の問いかけを行ない、想像力を強化します。

まずはじめに、一人が「目を閉じてください。夜、眠っている間に奇跡が起きます。それはすべてあなたの思いどおりになり、抱えていた問題がすべて解決するという奇跡です。一晩にして目標を達成し成功することができたという奇跡です。すべてがうまくいった将来を想像してください」と問いかけ、以下の質問します。

・過去を振り返り、どのように障害を乗り越えて目標を達成しましたか
・問題を乗り越えるために、どのような試み、工夫をしましたか
・だれに働きかけましたか
・だれの助けを得ましたか
・自分で何か新しい習慣を始めましたか、あるいはやめましたか
・過去の自分自身にアドバイスするとしたら、何を伝えますか

目標を表明することの意義と効果

想像力には、自分で思っているより強い力があります。「これをやりたい」「こうなりたい」という目標を明確にし、声に出して言うと、脳は目標の実現に向けて自動的に力を発揮します。そのためには目標を細分化して、一つひとつの細分化された目標がすぐに達成できるようにしておくことが大切です。

実際、小さな目標を成し遂げることは簡単です。その小さな目標が達成できれば、はるか遠い目標も身近に感じられるようになり、いずれ達成できるという希望が湧いてきます。そして、前述のような問いかけ（Future-Perfectの問いかけ）により山の頂上にいる自分を想像できれば、自分が通ってきた道筋が見え、自分のPathwayを想像でなぞっていくことができます。それにより、いま自分が何をすべきかがわかってきます。

さらには、想像された要求に従い脳は目標達成に向けた情報を自動的に取り込み、サポーターまでをも引き寄せていきます。その過程で

新しいイノベーションを起こすアイデアやひらめきが希望とともに湧き上がってきます。

　ところで、社会学者マートン博士が提唱した言葉に、「自己充足的な予言」（Self-Fulfilling-Prophecy）があります。現実には存在しない状況を予言、予期すると、存在しないはずの状況がつくり出されるというもので、ポジティブな良い状況を予期すると良い結果が、後ろ向きな設定をするとネガティブな結果が出るといわれています。また、ノーバート・ウィーナー博士が確立した「サイバネティックス」理論を人の目標達成理論に応用した、マクスウェル・マルツ博士のサイコ・サイバネティックス（Psycho-Cybernetics）では、「人間の脳には志向性があり、ある明確な目標を設定すると、無意識のうちに目標達成に向かうようになる」とされています。イタリアのプロサッカーリーグであるセリエAのACミランに入団した本田圭佑選手が小学校の卒業文集に具体的に記した「将来の夢」のとおりに目標を達成したことはよく知られています。

　⑤目標達成に向けての行動計画表を作成する

　目標に向けた道筋が見えたら、それを具体的な行動計画表にまとめます。いつまでに、何を、だれに対して行なうかなどを紙に書き出し、いつでも目につくところに貼っておいたり、持ち歩くなどして、目標を忘れないようにします。

創造的問題解決力とWay-Powerを高める

　創造的問題解決力とWay-Powerを高めるには、以下の4つの方法などが効果的といわれています。いずれの方法をとるかは、取り扱う問題が個人ワーク、ペアワーク、グループワークのいずれに適しているかで異なります。なお、ここでいう創造的問題解決力とは、目標達成に向けて予想される問題に対する自分自身の「気づき」を指します。

①ブレインストーミング

自分のことを批判せず、できるだけ多くのアイデアを具体的に紙に書き出し、マップ化したりすることで頭の中を整理していきます。アイデアはどのようなものでも構わず、もっともよく使われる方法です。

②目標逆転法

まずは、目標を達成しないことを考えます。たとえば「目標を達成しないためには、どうしたらいいか」と自分に問いかけてみます。そうすると何をして、何をしないのかがわかります。すなわち、「何もしない」「何も話さない」「なまけものでいる」「どんなに悪いものかを伝える」「ポジティブな話をしない」などです。そのうえで、これを逆転させて、そうならないためにはどうしたらいいかを掘り下げていくことにより、目標に到達する方法をみつけるものです。

③ランダム刺激法（ペアワーク）

ランダムに言葉や物を選び、そこから問題に関連づけて解決法を見出す方法です。

まず話し手は自分の「問題」を言葉にします。そして本やノート、新聞を開き、目を閉じてページのどこかを指差します。指が示しているところの言葉を拾い、問題解決にどう役立つかを対話します。たとえば問題が「ダイエット」で、指で示した言葉が「ニューヨーク」だった場合、「ニューヨーク…、アメリカ…、アメリカ人は○○だ」という具合です。次に、聞き手が周囲にある物をでたらめに選び、話し手はそれが問題解決にどう役立つかのアイデアを考えて聞き手に伝えていくというものです。

この技法では、解決法のヒントはどこにでもあるという可能性を認識でき、新しいプロジェクトやアイデアが必要なときや、固い頭を柔らか頭に変えたり、想像力を鍛えるために非常に有効です。また、ス

ロー思考（注意深く論理的で、理論的にものごとをとらえる考え方）を養ううえでも役立ちます。それは、散歩や家事、トイレの時間など、脳がその問題を少しだけ考えているときはアイデアが浮かびやすいからだといわれています。（ダニエル・カーネマン著『ファスト＆スロー－あなたの意思はどのように決まるか？』参照）

④スーパーヒーロー法（ペアワーク）

　どんなことでも解決できるヒーローをイメージしてスロー思考を刺激する方法です。話し手は「問題」を言葉で表現し、自分が、その問題を解決できるスーパーヒーローや有名人になった姿を想像します。聞き手は次の問いかけをします。

- あなたはどんなスーパーヒーローですか（空想の人物でも構いません。自分の中のヒーローです）
- あなた（ヒーロー）はどんなすごい力をもっていますか
- あなた（ヒーロー）がいつもしていることは、何ですか
- あなた（ヒーロー）だったら、その問題をどう解決しますか
- あなた（ヒーロー）は問題を解決した後、どのように去っていきますか

　この技法は相手の子ども心をくすぐりながら自分の可能性を発見し、疑似体験から問題解決法をみつけていくものです。子どもが小さな問題を抱えたときの解決方法としても有効です。

4 Will-Power ［意志力を鍛える］

「意志力」（Will-Power）が目標を達成していく

　ある女性が「お金持ちで背が高くてハンサムでやさしい男性と結婚する」という目的をもち、そんな理想の人が好むであろう女性になるためにいくつかの目標を立てました。そのひとつが、ダイエットして美しくなるという目標だとします。しかしながら甘いものの誘惑に負け、ダイエットはなかなか成功しません。仕事帰りに友人に誘われ、大好きなケーキを食べてしまう。そして、「自分には自身をコントロールする力もないし、目標を達成する強い意志もないんだ」とネガティブ感情に支配され、「どうせ自分には無理だから」と目的をあきらめ、年収もそこそこ、容姿もそこそこの相手で納得したとします。

　この女性は、目的へ到達する目標を一つもクリアできなかったことで、理想の男性と結婚することをあきらめてしまいましたが、意志力を使って自己コントロールし、一つの目標が達成できたとしたら、2つ目の目標にも挑戦してクリアしていき、理想の結婚相手に到達できたかもしれません。

　ここでいう意志力とは、自己をコントロールして誘惑に負けず目標に向かってまっしぐらにつき進む強い精神力のことです。意志力こそが成功のカギとなることは間違いありませんが、その力を継続することのむずかしさは、だれもが経験し理解していることでしょう。

　最近の研究では、意志力は筋肉と同じように、使いすぎると疲労するものの、時間をかけて訓練すれば強化できるもので、意志力を強化して目標を達成していくことは、人生をよりよいものにするもっとも

確実な方法であることがわかってきています。

　意志力を鍛えるためには、それを短期間に酷使するのが効率的です（たとえば１ヵ月後の重要なプレゼンテーションをターゲットとするなど、期間を短く設定すると、集中力を高め、効率よく力をつけられます）。また、意志力を使うにはスタミナを必要とするため、回復までに休息が必要といわれています。

　以下では、日常生活のなかでできる意志力を鍛える方法を簡単に説明します。詳しくは、『WILLPOWER　意志力の科学』（ロイ・バウマイスター、ジョン・ティアニー著）、『スタンフォードの自分を変える教室』（ケリー・マクゴニガル著）などを参照してください。

意志力を鍛える３つの方法

　集中力（意志力）が衰えてきたなと感じたときなどに、いったん、その問題から気持ちを切り離すための一例です。

　①運動（エクササイズ）

　身体を動かすことで脳がリフレッシュするので、ウォーキング、ジョギング、ダンス、ヨガ、スイミング等は５分程度の短時間でも効果があります。

　森の匂いや大地といった自然や緑にふれることも、「グリーン・エクササイズ」といわれ、ストレス軽減効果があります。公園の散歩、ガーデニング、ピクニック、フィールド・スポーツ等は、楽しみながら取り組むことができます。

　また、優秀な経営者の多くがジョギングにはまっています。彼らは忙しい一日のなかでも、身体を動かす時間をつくり、あるいは寝る時間を削って（早起きして）でも運動をする習慣を維持しています。とりわけアメリカの経営者たちの楽しみは全国で開かれるマラソン大会に参加し完走することのようです。経営者に必要な、厳しい状況を乗り切る意志力がマラソンを通じて鍛えられているのかもしれません。

②呼吸法

　呼吸をコントロールすることは、自律神経の働きを自分自身で調整しようとする意志によって、身体からストレスを追い出し、冷静さや心の平穏、身体のコントロール感を呼び起こし、確固たる意志を行動につなげていけるので、意志力強化につながります。

【マインドフルネス呼吸法】

　マインドフルネスとは、「いまここ」にある自分の身体や気持ちの状態に気づき、心を解放していく力を育む「心のエクササイズ」です。マサチューセッツ大学医学大学院名誉教授ジョン・カバット・ジン博士が「マインドフルネス瞑想法」などを先導して、欧米ではすでにその効果について多くの実証的研究報告がされており、ストレス対処法のひとつとして医療・教育・ビジネスの現場で実践されています。たとえばアップル社やグーグル社ではすでに社内に取り入れられていて、マインドフルネス・アプリなどもあります。

　マインドフルネス呼吸法は、長くゆっくり息を吐き出す基本的な呼吸方法です。その際、背筋をまっすぐおこして、猫背にならないように注意します。目は開けていても閉じていても構いませんが、目を開けた状態で練習をしておくと日常生活の会話中や仕事中、勉強中にも実行できるようになります。

【自分の呼吸に気づく】

　呼吸に気づくためには、まず鼻先からの息の出入りに集中します。すると、吸い込む息の冷たさ、吐き出す息の温かさが感じとれます。自分の呼吸に意識を集中させると、いろいろな考えや感情が浮かんでくるかもしれませんが、それらにとらわれずに呼吸に意識を戻します。意識が乱れても構いません。

【ゆっくりとした呼吸を繰り返す】

　1分間に4〜6回の呼吸が目安です。吐き出すほうを長く（たとえ

ば6〜8秒くらい)、吸い込むほうを短く (たとえば2〜4秒くらい) して、10秒程度でひと呼吸します。

　この呼吸法を数分間行なうことで、心が落ち着き、思考、感情、言動への気づきが高まるとともに、自己コントロール力が強化され、ストレスの緊張緩和につながります。この呼吸法を取り入れた例として、薬物乱用や心的外傷後ストレス障害（PTSD）の元患者たちがゆっくりと呼吸する練習を毎日20分間行なったところ、欲求や憂鬱が緩和されることがわかったという研究結果があります。また、常に強いストレスにさらされるような職業に効果があるとされています。

　③小さな挑戦で達成感を得る

　姿勢良く歩く、悪口を言わない、毎日掃除をする、無駄遣いをしない、足を組まずに座る、愚痴を言わない、毎日ゴミ箱を空にするなど、日常的なちょっとした良い動作を継続したり、好ましくない習慣や態度を正すように心がけ、実践することが、自制心（自己コントロール）の向上につながります。また、「やればできる」という自己効力感が増加すると自己コントロール力が高まるので、意志力のスタミナを蓄えることができます。その結果、好循環サイクルが生まれ、希望につながっていきます（**図表1-4**）。

　たとえば、「姿勢を正す」という小さな習慣は大きな成果につながることがわかっています。これは、ロイ・バウマイスター教授（フロ

図表1-4　小さな挑戦で自己コントロール力を高める

自制心を必要とする小さなことを毎日、実践する
[例] 姿勢良く歩く　　悪口を言わない　　毎日掃除をする　　無駄遣いをしない
　　 姿勢良く座る　　愚痴を言わない　　毎日ゴミを捨てる　　出費を記録する

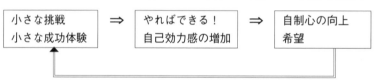

リダ州立大学、社会心理学者）が行なった、学生を対象とした意志力の実験で、学生を2週間、「常に姿勢に気をつけるグループ」「食べたものをすべて記録するグループ」「精神状態を常に前向きにし、プラス感情を保つグループ」の3つに分けて同じテストを受けさせたところ、2週間後のテストのスコアが「姿勢を正そうとしていたグループ」だけ際立って向上したのです。

背筋を伸ばす動作に不思議な力があるわけではなく、背筋を伸ばして姿勢を正すと心にも影響があらわれるのです。明るい感情があふれ出し、表情までもが変わることはよく知られていますが、うつむいてボソボソ話していた男性社員が、姿勢を正した途端、ハッキリと大きな声で言いたいことが言えるようになるというようなこともよく目にします。

決定疲労と自我消耗

ここまで、意志力を高める方法を紹介してきましたが、意志力の特徴としては「量には限りがあり、それは使うことで消耗する」「すべての種類の行動に用いられる意志力の出所は一つである」こともあげられます。それが「決定疲労」と「自我消耗」で、ロイ・バウマイスター教授が理論化したものです。

決定疲労とは、決定することを回避する、先延ばしにする、あるいは逆に頑固になったりするものです。仕事を進めるなかで多くの決定を迫られたり、常に何かを決めていかなければならないという状況下で起こります。すなわち、ビジネスリーダーは決定疲労を起こしやすい状況に常におかれているといえます。

そして決定疲労の次に起こるのが「自我消耗」です。

自我消耗とは、思考、感情、行動をコントロールする力が減る、すなわち意志力が消耗する現象です。自我消耗が起こるとふだんよりも感情の起伏が激しくなり、悲しい、つらいといったネガティブ感情が

生じやすくなります。また誘惑に逆らいにくくなったり、欲望を強く感じるようになり、つい買い物してしまうなどの行動がみられたりします。

　自我消耗の主な原因としてはストレス、長時間労働、睡眠不足、過度の達成目標設定、決定疲労、血糖値の低下などがあげられます。

　自我消耗を防ぐためには、ストレスの軽減、長時間労働の軽減、快眠、目標を各項目一つに絞り込む、などを心がけることが大切です。加えて、GI値の低いゆっくり燃焼する食品を選んで摂取すると効果があります（**図表1-5**）。GI値とはグリセミック・インデックス（Glycemic Index）の略で、その食品が体内で糖に変わり血糖値が上昇するスピードですが、ほとんどの野菜、果物、肉、魚、チーズ、特にナッツ類に多く含まれます。自我消耗しそうな会議の席では、ナッツ類をテーブルに用意しておくとよいかもしれません。

図表1-5　意志力の消耗を防ぐ方法

ストレス・長時間労働の軽減 　（運動や呼吸法でリラックス、小さな良い習慣に挑戦）
心地よい睡眠を心がける（疲れたら寝る）
目標は各項目一つに絞る（多くの目標をもたない）
血糖値の低下を防ぐ食品を摂る

［GI値が低い食品］（血糖値の低下を防ぐ食品）
糖分の持続性が高い低血糖食品
・ほとんどの野菜　　　・肉、魚、チーズ
・果物　　　　　　　　・ナッツ類

5 Weak-Ties［ゆるい人間関係と大きな希望］

日本人は何に希望を求めるのか

　東京大学社会科学研究所の玄田有史教授は希望学（希望の社会科学）を研究しており、「日本人は何に希望を求めるのか」の調査に対して、「仕事について」66.3％、「家族において」46.4％、「健康」37.7％、「遊び」31.7％だったと発表しています。このように仕事に希望を見出すことが第1位になることは日本の特徴とされており、欧米やアジアのほかの国では考えにくい結果ともいわれています。日本人の「勤勉さ」という国民性が作用しているのかもしれません。

　以下は、失業率の高いある国を一人で旅した日本人女性と現地の人との会話です。平日の昼時にブラブラしている働き盛りの男性が街にあふれていて、日本人女性に近づいては声をかけ、あわよくば結婚して日本に行けたら楽そうだと目論む人がたくさんいたそうです。

　女性は声をかけてきた男性に聞きました。「お仕事は何ですか」「え、仕事？　そんなものしてないよ！」「仕事をしていないのですか？」「仕事なんてないから、こうして日々過ごしてるのさ」と、なんら悪びれた様子もなく明るく語りました。

　平日の昼間に「だって仕事ないんだもーん」とふらふらしている働き盛りの若者がいたら、多くの日本人は違和感を感じ、仕事がないなら探すのがあたりまえと考えることでしょう。ただ、そう考えることが世界の常識かといえば、そうではありません。失業率の高い国では働かないことに罪悪感はありません。仕事があれば働くが、仕事がないのは「僕のせいじゃない」と言い切る国民性もあるのです。

日本人は人生において仕事の重要度が高く、仕事に希望を見出そうとする特徴があるといえます。勤労意識の高い日本人は、人生のなかで長時間を過ごす仕事やキャリアに希望を感じたいと願うのももっともな話です。
　ここでは、仕事や転職に希望を見出すWeak-Ties（ウイーク・タイズ）という「つながり方」を紹介します。

役立つのは、立ち位置の違う人からの情報提供

　アメリカの社会学者で、スタンフォード大学社会学部のマーク・グラノヴェッター教授がThe strength of weak ties（ゆるいつながりの強み）という考え方を提唱しています（weakは「弱い」「ゆるやかな」、tiesは「つながり」「絆」）。めったに会わなくても、お互いに尊敬と信頼の気持ちでつながっている人間関係を指す考え方です。
　グラノヴェッター教授がこの提唱をはじめたのは、ハーバード大学の博士課程在籍中に行なった調査で、ホワイトカラー労働者を無作為に抽出し、現在の職を得た方法を調べたところ、どちらかといえばつながりの薄い人から聞いた情報をもとにしていたことがわかったことが発端といわれています。
　ここでいう「強いつながり」（Strong-Ties）には、いつも時間を共有している家族、会社の上司、同僚あるいは同業者などがあげられます。みなさんは、転職するとしたらだれに相談しますか。この強いつながりのある人ではないでしょうか。日本は元来、職の決め手は「ゆるいつながりの人間関係」ではなく、血縁、地縁にもとづく「強いつながり」が有力と信じてきました。
　しかしながら、現実に転職に成功している人は、自分とはまったく異なった環境に属する人、たまにしか会わない友人・知人など「ゆるいつながりの人たち」（**図表1-6**）に相談していることが多いようです。転職の成功のポイントは「いかにして自分に適した仕事に出会う

図表1-6　ゆるいつながりの強み（The strength of weak ties）

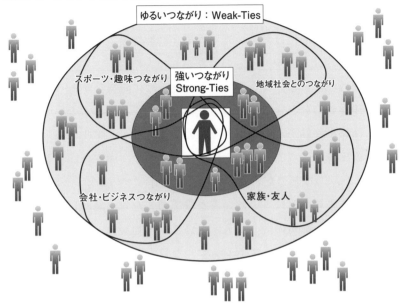

か」ですが、それを一人で考えるには限界があります。家族や職場の同僚などの「強いつながりの人たち」は自分と同じ輪のなかにあり、同じ日常を共有していることが多いので、自分と同じ情報や判断材料しかもっておらず、ほかの世界がみえにくい状況にあるといえます。

ゆるいつながりを通じて得られる「新しい世界」

　これは転職に限ったことではありません。独立起業しようとするとき、仕事で万策尽き果て行き詰まったとき、新商品の開発のアイデアが浮かばないときなども同様です。遠くにいて年に1回会うくらいの関係にあり、まったく職業の違う、Weak-Tiesの人たちほど、自分とは違う経験や価値観を有し、まったく知らない情報をつかんでいることが多々あります。自分とは違う環境で仕事をしている、信頼できる人の話を聞き、自分のやりがいとは何なのか、やりたいことは何か

導き出す過程を経て、本当にやりたい仕事に出会えたときには、心の底から希望が湧き上がってくるものです。

凝り固まった心には新しい新鮮な風が必要です。そんな新しい風を吹き込んでくれるのが「ゆるいつながりの人たち」です。

そんなWeak-Tiesをつくるのに有効な手段に同窓会があります。同窓会は現在の自分とまったく違う仕事や生活をしている人、すなわち異なる情報や経験をもつ人がたくさん集まります。年代は違っても同じ学校の出身ということで信頼関係もあります。同窓会はまぎれもなくWeak-Tiesのひとつだと玄田有史教授は述べています。

趣味の集まりなどにもいろいろな職業の人たちが参加しています。筆者の友人は「俳句の会」に入っていて、年齢も幅広くさまざまな話が聞けることに加えて、ストレスフルな日常を俳句に託して詠むとストレス発散になるそうです。

希望（Hope）をつくり出す

本章の最後に、「希望」がもたらした事例を紹介します。

アップル社を創始したスティーブン・ポール・ジョブズの軌跡を描いた「JOBS」という映画があります（邦題『スティーブ・ジョブズ』）。彼は、まさに自分の頭の中の「希望」を、強い意志をもって、多くのすぐれた技術者と具現化し、ワクワクするすばらしい製品を多数、生み出しました。時代のニーズを踏まえた「あったらいいな」を想像し、夢と希望という形のないものを製品にしました。

アップル社の共同創立者でホームコンピューターのきっかけを開発したステファン・ゲーリー・ウォズニアックとの会話が印象的です。ウォズ「ホームコンピューターなんて、そんなものはマニアのものだ、だれもほしがらない」

ジョブズ「見たこともないものを、だれもほしがらないのは当然だ」

希望アセスメント

次の各問に自分がどの程度同意するか、以下の8段階から自分の感覚にもっともよくあてはまる数字を選んでください。

1.	2.	3.	4.	5.	6.	7.	8.
まったく同意しない	ほとんど同意しない	あまり同意しない	ほんの少し同意しない	ほんの少し同意する	やや同意する	だいたい同意する	強く同意する

①私は、困ったときにたくさんの解決方法をみつけることができる _____
②私は、熱意をもって自分の目標に向かうことができる _____
③私は、よく疲れを感じることがある _____
④私は、どんな問題にも複数の解決方法があると思う _____
⑤私は、議論になると簡単に負かされてしまう _____
⑥私は、自分の人生の中で一番大事なものを手にいれようとするとき、いろいろな方法を考え出すことができる _____
⑦私は、自分の健康状態が心配だ _____
⑧私は、ほかの人があきらめてしまうときでも、その問題を解決する方法をみつけることができる _____
⑨私は、自分が過去にしてきたことが自分の将来に役立つと思っている _____
⑩私は、これまでの人生はかなり成功していると思う _____
⑪私は、いつも何かに対して心配している _____
⑫私は、自分が設定した目標は達成させる

◆②、⑨、⑩、⑫はAgency（発動力）をあらわしています。その合計点数が24以上であれば、Will-Power（未来に向かって歩む意志の力）が高いといえます
◆①、④、⑥、⑧はPathway（道筋、小道）をあらわしています。その合計点数が24以上であれば、Way-Power（未来の目標に向かって歩む方法を見出す力）が高いといえます
◆上記２つ（Agencyをあらわす②、⑨、⑩、⑫と、Pathwayをあらわす①、④、⑥、⑧）の合計点数が48点以上であれば、未来に向かって前進することができる力（希望力）が高いと考えられます

出所：C.R.Snyder,1991（Adult Hope Scale；希望尺度成人版）

第2章
Self-Efficacy
［自己効力感を高める］

1 自己効力感とは

「できるかもしれない」という自分への信頼

　筆者が夫の海外赴任にともないドイツのハンブルクで暮らし始めた頃の話です。ドイツ語はおろか、英語もままならないことから外出するのも億劫になり、何日も家から出ないような、ほとんど引きこもり状態でした。そのような、言葉ができないことでネガティブ感情しかもてない日々が続く状況を変えなければと、街のドイツ語学校へ通い始めました。

　はじめは何を言われているのか理解できませんでしたが、そのクラスにはドイツで暮らすようになった外国人がたくさんいて、ドイツ語は筆者と同じレベル。そんな仲間たちとの交流ができ、お互いに励ましあいながら学び続けると、だんだんと街行く人のドイツ語も理解できるようになり、少しずつ買い物などでドイツ語を試していきました。相手も必死に聞きとろうと努力してくれます。

　「意外と通じる、やるじゃん私」という小さな達成できた体験を繰り返し、半年も経った頃には対面販売の買い物、レストランでの注文、ある程度の会話から、ちょっとした言い争いまでできるようになっていました。いまでは、どこの国で暮らすようになっても「言葉はなんとかなる」という自分に対する信頼感ができました。

　この「ドイツ語を習得するという課題」に対して「私はできるかもしれない」という自分に対する信頼が、自己効力感（Self-Efficacy）です。以下では、自己効力感とはどのようなものかを説明しましょう。

自己効力感が問題解決力を引き出す

　自己効力感は、スタンフォード大学のアルバート・バンデューラ教授が研究発展させた概念で「その人のもつ、ある特定の課題（目標や成果）の達成への自己の能力への確信と信頼感である」と定義づけられています。自尊心と混同されがちですが、自尊心は課題の達成にかかわりなく自分自身を信頼する力であり、基本的に異なる概念です。

　また、バンデューラ教授は、課題に対する自己効力感と結果期待の関係が**図表2-1**のようになっていると示しています。

　「結果期待」とは、ある行動がどのような結果を生み出すかを予測することで、そのために必要な行動をどの程度うまくできるかという信頼感が「自己効力感」です。結果期待が高くても、その結果を得るために自分は行動を遂行できるという感覚があまりない場合、すなわち自己効力感が低ければ、はじめの時点での動機づけが弱くなります。バンデューラ教授が「自分を信じることが必ず成功を約束するわけではないが、自分を信じないことが失敗を生むのは確かだ」と言っているように、何かの課題を成し遂げ、結果を出していくためには、最初の動機づけである自己効力感が重要になってきます（**図表2-2**参照）。

　「自分には必ずできる！」というように、自分自身の達成能力を信じることができる人は、思ったこと、やるべきことを頭の中だけで考えるのではなく、必ず自分には実現できる、実現する能力があると信じる力が行動に結びつきます。

　このように、自己効力感を高めることは、成功に近づくための力を

図表2-1　自己効力感と結果期待の相関関係

人→行動→結果		
	自己効力感	何かをするときの遂行可能感、自己コントロール感、「私にはできる」という感情
	結果期待	ある一連の行動をすれば結果が得られるという期待感

図表2-2　自己効力感と結果期待の組み合わせによる行動・感情への影響

	結果期待 低	結果期待 高
自己効力感 高	挑戦する・抗議する 不平・不満を言う 社会的活動をする 生活環境を変える	自信に満ちた生産的な行動をとる 熱意にあふれる 高い個人的満足
自己効力感 低	無気力・無感動・無関心になる あきらめる 抑うつ状態になる	失望する・落胆する 自己卑下する 劣等感に陥る

出所：白岩航輔「自己効力感の向上プロセスに関する研究」（神戸大学、2013年）

強くします。そして、自己効力感が高いほど、外部からの圧力を受けようとも、他者からの批判や反対にあおうとも、自分の信じた道を切り開き、ゆるぎない自己能力に対する信念のもとに達成に向けて努力し続けていくことができます。すなわち、自分の能力を信じる力があれば、たとえいまは先の見えない状況にあろうとも、頭の中に描いた未来（絵）を実現すべく行動に移していけるのです。

　筆者も、先の「ドイツ語習得事例」当時はまだ自己効力感が低かった頃ではありましたが、自分自身の「語学習得体験」を得ることによって、語学習得に対して、「やればできる」という自信につながりました。この体験こそが、自分の能力を信じる力（自己効力感）を高め、それは大きな強みになったといえるでしょう。

　また、自己効力感は次章で紹介する「レジリエンス」に大きく関与する「心の力」のひとつで、モチベーションに大きく影響を与えます。自己効力感の高い人は、課題に対して熱心に取り組み、その課題遂行のために努力を惜しまず、困難や障害などに直面しても忍耐強くポジティブにとらえ、ストレスをも跳ね返す力を発揮するといわれて

図表2-3　自己効力感が及ぼす影響

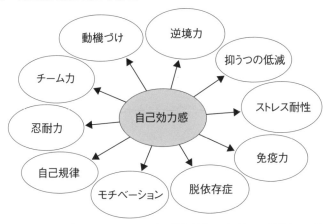

注：医療、臨床心理、産業カウンセリング、学校教育、ビジネス、職場、スポーツなどへ幅広く応用可能

います。同様に、高い集団効力感をもつ職場はモチベーションが高く、それにより問題解決力が高まり、さらに組織に対するコミットメントと満足度を向上させます（**図表2-3参照**）。

逆に、自己効力感の低い人は困難な状況に直面すると自己の内面に注意が向き評価に気をとられ、ネガティブ感情にとらわれる傾向にあります。ネガティブ感情が長く続くことで抑うつ状態に陥るケースもあるのです。

自己効力感を高める4つの要因

自己効力感は、生まれつきもっているものではなく、自分自身の内面に対する信頼感をもって形成される「心の力」です。現在、教育、産業、医学関連分野といった広範囲で研究、応用されていますが、仕事や人生において自己効力感を高めることができれば、逆境や困難に直面しても目標を達成していく原動力になります。

自己効力感を高めるには、①成功体験、②代理体験（モデリング）、③言語的説得（励まし）、④生理的・情緒的状態（気分・感情）

が有効とされています。この４つの要因がバランスよく組み合わさることで、困難な課題に直面しても「私は、やればできる！」と心の底から自分を信頼し行動に駆り立てる力を感じられるようになります。

　自己効力感を高めるために一番効果的なのが、成功体験です。何かに一生懸命に取り組み「私にもできた！」という経験や、「自分をほめてやりたい」気分を味わったことはありませんか。

　２番目に効果のあるのが、代理体験（モデリング）です。「私もあんなふうになりたい」と思える人（ロールモデル）が、自分が苦手意識のあること、やり遂げる自信のないことを軽々と達成するのを見れば、「私もきっとできる」と思えるようになります。ロールモデルと身体的特徴・能力的特徴の共通点が多いほど、距離感が近づき、その効果は大きくなります。

　第３が、言語的説得（励まし）です。自信をなくしたとき、課題達成に向けて努力しているときの、家族、友人、同級生、職場の同僚、上司、学校の先生、あるいはコーチ、メンターなどからの、背中を押してくれる励ましの言葉です。

　第４が、生理的・情緒的状態です。気分や感情と言い換えることができます。仕事内容や状況によって作用は大きく異なりますが、いつも元気で健康に留意しポジティブな感情を生み出すことのできる良好な心身状態を保つことは「やる気」を引き出す重要なポイントです。良い睡眠を心がけて心身ともにリラックスすることが大切です。

　次項から、４つの要因について詳細にみていきましょう。

2 成功体験がもたらす自信

　成功体験は、課題解決に対する直接的な達成体験や、困難を乗り越えた経験のことで、自己効力感を強固な信念にするためにもっとも効果的なものです。

「困難な課題」達成が次の成果につながる

　世界を股にかけて活躍し大きな商談をまとめている専門商社の海外部門に勤めるＴさんは、入社２年目で海外から招いたお客様に英語でプレゼンテーションをするという課題に直面しました。準備期間は３ヵ月。当時のＴさんの英語の実力はTOEIC700点と、海外で普通に生活できるレベルです。ふだんは海外とのやりとりも英語が主流でそこそこの英語力はあると自負していましたが、初めてのプレゼンテーションは大勢の外国人を相手にすることもあり、緊張の極みです。きっとできると自分を信じて、準備期間の３ヵ月は、業務後に上司のアドバイスを得ながら資料をつくり、発表１ヵ月前からは、深夜まで英語の語りを練習して暗記し、前日には空で話せるまでになりました。

　Ｔさんの英語のプレゼンテーションは大成功でした。海外バイヤーからは称賛の言葉があり、上司からもほめ言葉がかけられ、Ｔさんはホッとするとともに、「やればできる！」という自信となりました。

　Ｔさんは、この大いなる挑戦の経験を、その後のさらなる高い課題や目標に立ち向かっていくときに思い出し、「世界を股にかけて活躍する」という夢を実現しました。

　はじめは「困難な課題」だった英語のプレゼンテーションが成功体験と結びつくなかで、「チャンス」に置き換わったのです。このよう

に、自分にとっての困難な課題を、自分を信じて成功に導く心の力が自己効力感であり、次に直面するであろう困難や逆境、あるいは新たな挑戦に対して、「あのときできたのだから、次も必ずできるはず」と自己を信じられることは、高いハードルを越えて成果を出し続ける行動になり、遂行力を高めてすばらしい成果につながります。

自己効力感の強度を高める

　成功体験は、4つの要因のなかでもっとも効果的です。偉人の成功物語を読んで「私にもできるかもしれない」と思ったところで、実体験にはかないません。ただし、「私にはできる」という感覚がしっかりと確立されていないうちに繰り返し失敗を続けると、自己効力感は逆に低下してしまいます。成功体験の重要度や達成困難度はさまざまですので、小さな達成体験を積み重ねていくようにします。

　また、簡単に成功するような体験だけで自分は「できる」と信じ込んでしまうと、結果にすぐには結びつかない場合に簡単にあきらめてしまったり、失敗するとすぐに「私にはやっぱりできないんだ」とネガティブな感情をもちやすくなります。

　自己効力感には「強度」があり、忍耐強い努力の末に困難や障害に打ち勝ったという実体験が、自己効力感の強度を高めるには必要です。とはいえ、困難に打ち勝つ経験はそうあるものではありません。逆に日々、逆境だと感じている人もいるかもしれません。

　日々の業務のなかにも自己効力感を引き上げられる事例があります。たとえば、エクセルの関数を応用して作成したプログラムがうまく作動し計算時間を短縮できた、会議を段取りよく進行させて時間どおりに終わらせられたなどです。先述の、小さな成功体験を積み重ねることもそのひとつです。あるいは新入社員の頃といまを比べても小さな自信がもてるはずです。そのようなちょっとした振り返りのなかで自分自身の「成功体験」を思い出してみてください。

3 代理体験（モデリング）とメンタル強化

ロールモデルとメンターの重要性

　プロテニスプレイヤーの錦織圭選手は、2014年全米オープン準優勝という、日本のテニス界にとって歴史的快挙をなし遂げました。
　錦織選手は、「自分のテニスを本気で変えたい、世界ランクトップ10入りを果たすためには、その厳しさを知る人の助言を受けたかった」と、グランドスラム（全豪オープン、全仏オープン、ウィンブルドン選手権、全米オープンの総称）優勝経験者マイケル・チャン氏にコーチを依頼します。その後、錦織選手は何かに目覚めたように力強いプレーですばらしい成績を残していきました。
　錦織選手の一番の悩みどころは、世界レベルの選手の身長の高さでした。しかしながら自分よりも身長の低いチャン氏は世界ランキング2位までのぼりつめることができたのです。まさにロールモデルだったに違いありません。チャンコーチとの厳しい練習を重ねるうちに、身長が低いというハンディがハンディでなくなり、より高い志をもつことにつながったのではないでしょうか。チャンコーチがやってきた「勝利する方法」をまねる、学ぶ、実践することで、強い錦織選手ができあがっていきます。このように目の前にロールモデルとなる人がいることは、自己効力感を高める重要な要素です。
　また、錦織選手は2011年にスイス・バーゼルで行なわれたスイス・インドアで世界ランク1位のノバク・ジョコビッチ選手を破る偉業を果たすも、翌日の決勝でのロジャー・フェデラー選手との対戦で自分のテニスを否定されるかのような圧倒的な強さに打ちのめされまし

た。そのときのことを語りあう錦織選手とマイケル・チャンコーチとの対談が印象的です。

「フェデラーによって、僕の自信は完全に失われました。何をしたらいいのか、わからなくなってしまいました」と話す錦織選手に対し、チャンコーチは次のように語りかけていました。

「あなたは一つだけ大きなミスをおかしました。それは、試合前のインタビューで『あこがれのフェデラー選手と対戦できるなんてワクワクする。彼は偉大な選手で昔からの憧れです』と言っていたことです。なぜなら、フェデラーと決勝に進んだことであなたはすでに満足してしまっていました。コートの外でだれかを尊敬するのは構いません。でもコートに入ったら、『お前は邪魔な存在なんだ。優勝するのはお前じゃなくて俺なんだ』と言い切る決意が必要です。過去の実績なんて試合には関係ないと思える強いメンタリティが必要です。相手がだれであろうと勝つことだけに専念しなければなりません」

錦織選手にとってチャンコーチはすばらしい強力なロールモデルであり、技術はもとより、精神的にサポートするメンター的な存在であることがわかります。ロールモデルやライバルとなる人物が身近にいることは、人間的成長に欠かせません。

自己効力感に与える代理体験の影響

代理体験とは、他者の行動を観察することで得られる、自己効力感に影響を与える経験です。「ほかの人ができるのなら、自分にもできるはずだ」と思い込むことが、自己効力感の向上につながります。モデルになる人物との共通点が多いほど、その効果は高くなり、共通点があまりないと影響を受けにくくなります。

また、他者との比較により、自分がすぐれていると認識することでも自己効力感は向上します。比較する相手は、仕事仲間であったり競争相手であったりと、似たような状況にある人になりがちですが、自

分のほうが少し優位に立っていると自己効力感は向上し、自分を信じてさらなる挑戦ができるようになります。また、新たなことに挑戦するときなど自分の過去の成功体験を客観的な目（他者の目線）で見直して一つの成功モデルとしてとらえることも、代理体験のひとつといえます。「自分には、これはできる」と自分自身が納得できることで自己効力感に影響を与えられるのです。

なお、代理体験による自己効力感の向上は、自分自身の成功体験という直接的な経験値より影響力は低くなります。

世界ナンバーワンの選手が普通の人に見えてくる

錦織選手のグランドスラム大会で解説をしている松岡修造氏による分析表のなかに「メンタル」という項目があります。あらゆるスポーツにおいて、メンタルという言葉はいまやどの選手も口にします。常に勝負に命がけの選手たちにとって、ライバルの存在がモデル（代理体験）となり切磋琢磨し自己効力感を高めていくことはもちろん、技術的な厳しい鍛錬だけでなく、必ず勝つ、勝てるという精神力としての執念がなければ、勝ち続けていくことはできないのかもしれません。

松岡氏は、次のような話もしています。

「僕自身、世界NO.1の選手と話をしろ、練習しろと言われた。そうすることで、世界NO.1の選手が普通の人に見えてくるから」

この言葉はまさに、代理体験の効果をあらわしています。自分からするとすごい実力のある選手で、自分はそんなふうにはなれないと思っていても、話をすると「同じ人間なんだ」「僕と同じ考えもあるじゃないか」「なんだ僕と同じ普通の人じゃないか」と自分との差がどんどん縮まり、共通点を多く見出すことができます。自分との共通点が多いことは、「僕もきっとこの人のようになれるはずだ」との自信につながり、自己効力感を高めるのです。

4 励ましとポジティブ・フィードバック

課題達成に向けてやる気を喚起する言語的説得

　大手製薬会社に勤めるＮ氏が、昇格試験を受けたときの体験を語ってくれました。「経営職の立場で会社を伸ばす具体的な計画を考える」ことが課題として与えられ、その具体的戦略、実行プランを6ヵ月間の研修を通じて立案します。業界の動向や他社の事例研究、市場の動向などを業務外の時間を使って把握するなど、大変な労力とエネルギーと時間が必要とされます。この研修を進めるにあたり、50名ほどの候補者を集めたオリエンテーションが開かれ、人事部長からこんな言葉がありました。

　「この研修はみなさん、本当に大変だと思います。でも、これを乗り越えたとき、もし将来困難な状況に直面しても必ず頑張れます」

　Ｎ氏は、「頑張ってこの研修を乗り越えていくんだ」と思ったと言います。そしてその後、さまざまな困難な状況に直面したときには、この研修での経験、「最後まであきらめない」「これでもか！　これでもか！」と頑張った自分を思い出し、それを乗り越えてきたそうです。そして厳しい状況にあるときは、この人事部長の言葉を思い出すことが、心の支えになってきたと話してくれました。

　このような「励ましの言葉」を言語的説得と呼んでいます。そしてこの「励まし」は、激励に限らず、課題達成に向けてやる気を喚起させてくれる行為なども該当します。そのため、スポーツの場はもちろんのこと、職場の上司からであったり、同僚、クライアントから、または家族から、あるいはビジネスコーチや習い事の先生など、日常の

あらゆる場面でみられます。

　職場においても、「あのプレゼンはよかった」「大変な状況のなか、みんなを引っ張ってくれてとても助かった」「会議でのあの発言はさすがだね」などのポジティブなフィードバックや、さらには「ありがとう」「担当があなたでよかった」「あなたのおかげで…できた」などの感謝の言葉がやる気を引き出します。これら、励ましの言葉やフィードバックは、自己効力感を向上させます。

　コンサルタントのＳ氏は、人材教育研修の場で、指導したとおりにできた人には「君、最高！　すばらしい！　やればできるねー！」と笑顔と身ぶり手ぶりを使い、大げさなくらいな表現方法で、ほめる演出をしています。すると、ほめられた人はモチベーションが上がり、「やればできる」という自信をもつようになるそうです。

　ただし、やりすぎは禁物です。形だけのフィードバックは逆効果になりますので、注意してください。

成功体験の裏づけがあることが前提

　このように、他者からのポジティブなフィードバックや長所の理解、感謝の言葉などの「言語的説得」、すなわち励ましの言葉は自己効力感を高め、そして他者からの励ましは、先のＮ氏のように、課題を遂行するうえで困難や逆境にあっても自分のことを悪く考えたりせず、自己の能力に対して信頼を強化し、より努力し続けられるようになります。

　ただし、自分の努力や行動に対して、励ましの言葉を素直に受け入れられるだけの、ある程度の自信がなければなりません。自分には能力が欠けていると感じている（自己信頼が低い）と、言葉の励ましだけでは自己効力感は向上せず、逆に困難に直面するとすぐにあきらめてしまったり、行動を制限したりするようになります。また、根拠も現実味もない励ましやフィードバックも逆効果です。この言語的説得

を素直に受け取り、自己効力感を向上させるためには、過去に何らかの成功体験をもっていることが欠かせません。

ポジティブ心理学者のタル・ベン・シャハー博士は『ハーバードの人生を変える授業』のなかで、スタンフォード大学心理学のキャロル・S・ドゥエック教授が行なった、「一言の言葉で子どもたちにどんな思考を植えつけることができるか」というユニークな研究を紹介しています。これは、小学5年生を対象に、努力をほめる言葉かけをするグループと、言葉かけをしないグループの2つに分けたところ、努力をほめる言葉をかけられた生徒のほうが課題をうまくこなし、より幸せを感じたことがわかりました。この研究結果からシャハー博士は「私たちが普段、口にする言葉が、どれほど大きな影響力を人に与えてしまうのかと不安になります。それと同時に、言葉かけひとつでこんなにもポジティブな影響を人に及ぼすことができるのかと勇気づけられもします」と語っています。ノースカロライナ大学教育学部長であるディル・H・シャンク教授も、「過去の能力の向上が努力によるものだったときに、それをフィードバックすると、生徒たちはより高い動機づけを示し、以降の学習に対する強い効力の源泉を得ることになった」と発表しています。

リーダーシップに不可欠なポジティブ・フィードバック

言葉かけやポジティブなフィードバックが、子どもたちに影響を及ぼすならば、それは大人にも同じことがいえるはずです。相手の能力を十分に引き出し、モチベーションを向上させるためには、相手に対する思いやりや、不断の努力や成果に対する常日頃のポジティブなフィードバックとポジティブな言葉かけが欠かせません。

そこからよりよい人間関係を築くことができ、あるいは自己効力感や職場効力感の高い環境を形成していくことができるはずです。

5 心身の健康を良好に保つ

スポーツ選手にとってのプレッシャー

　自己効力感は不安や疲労、ストレス、緊張といった生理的・情緒的状態からも影響を受けます。ここでいう生理的・情緒的状態とは、その場の無言のプレッシャーなど、場の雰囲気やムードを指します。そこで常に良好な健康状態を保ち、いつも元気でいることは、ストレスやネガティブな感情を減少させ、ポジティブ感情を生み出しやすくしますので、自己効力感を高めることにつながります。

　言い換えるなら、高い自己効力感の持ち主は感情の高まり（プレッシャー）がパフォーマンスを力強く促進していきますが、自己効力感の低い人はプレッシャーなどがストレスになり健康状態を衰弱させてしまうのです。

　長嶋茂雄氏も、「プレッシャーはだれにもありますよ。だけどそのプレッシャーが楽しいと感じたとき、その人間はホンモノですよ」と語っています。長嶋氏が、だれよりも練習しているという自分に対する信念が高い自己効力感につながり、それがハイパフォーマンスの成果としてあらわれ、プレッシャーをも楽しんでしまうぐらいの強靭な自己効力感の持ち主になっていったことがここから読み取れます。

　ただし、この生理的・情緒的状態が効力を発揮するのは、主に身体を使う職種（スポーツ選手やエンターテイメント性の高い職種）であり、特にスタミナを要するスポーツにおいては、健康状態、ストレス対処などに強い影響力があらわれます。その他の分野の職業や学業では、自己効力感との関連はほかの３つの向上要因（成功体験、代理体

験、言語的説得）と比べて影響力が弱いことになります。

発想の転換やムードづくりも大切

　職場では、プレゼンテーションなど人前で話をする際にハイストレスを感じ、緊張して胃が痛くなったり、手に汗をかいたりします。そんなときにはアイスブレイクで場の緊張を解きほぐすことができれば、話しやすい雰囲気になり、自己効力感も向上します。

　学生なら受験前のプレッシャーなどがあります。ある程度のプレッシャーは勉強の原動力にもなりますが、過度のプレッシャーは健康状態をも損ないます。プレッシャーに押しつぶされそうなときは、頭を休めて良い睡眠をとるなど、発想を転換させます。受験生であれば、試験当日に心身ともに健康で一番実力を発揮できる状態にもっていくよう心がけるのも受験対策のひとつです。受験当日には、「やるべきことはやってきた」という自信があれば、自己効力感が向上します。

　また、俳優や歌手などエンターテイメントに携わる人が本番で成果を出し続けるためには、この生理的・情緒的状態を良好に保つことが不可欠です。筆者の友人に元タカラジェンヌがいますが、本番に向けて一番大切なことは体調管理であり、過酷なまでの練習とリハーサルなくして本番での成功はありえないと言います。このように心身ともに完璧な状態にもっていっても本番では緊張するそうです。その緊張をほぐしてくれるのがお客様の声援や拍手であり、その場を盛り上げてくれるムードです。客席と舞台が一体化しムードの高まりを感じたときに舞台人は自己効力感が高まり、成功を実感し、次の舞台へと挑戦していく自信につながります。

自己効力感アセスメント

次の各問に自分がどの程度同意するか、以下の4段階から自分の感覚にもっともよくあてはまる数字を選んでください。

1.	2.	3.	4.
まったく同意しない	同意しない	同意する	強く同意する

①私は、計画を立てたときは、それをしっかり実行できるようフォローする ＿＿＿＿

②私は、一生懸命頑張れば、困難な問題でも解決することができる ＿＿＿＿

③私は、だれかに反対されても、自分が欲しいものを手にするための手段や道を探すことができる ＿＿＿＿

④目的を見失わずにいることは、私にとってむずかしいことではない ＿＿＿＿

⑤予期せぬ出来事に遭遇しても、私は効率よく対処できる自信がある ＿＿＿＿

⑥私は、思いがけない場面にあっても、自分の才能で切りぬけていける ＿＿＿＿

⑦必要な努力さえ惜しまなければ、私はたいていの問題を解決できる ＿＿＿＿

⑧私は、自分の対処能力を信じているので、困難なことにも取り乱したりしない ＿＿＿＿

⑨私は、問題に直面しても、いつもいくつかの解決策をみつけることができる ＿＿＿＿

⑩私は、苦しい状況に陥っても、いつも解決策を考えつく ＿＿＿＿

⑪どんなことが起ころうとも、私は常に対処できる ＿＿＿＿

◆回答の合計値が高いほど、自己効力感が高いと考えられます(平均は29点)

出所:Schwarzer and Jerusalem,1995(Generalized Self-efficacy Scale;一般性自己
　　　効力感尺度)

第3章
Resilience
［逆境からしなやかに立ち直る］

1 レジリエンスとは

だれにも備わっている「逆境から立ち直る力」

　近年、人に内在する精神的強さ、回復力、すなわち「レジリエンス」が注目されています。レジリエンスを辞書で引くと「跳ね返り、飛び返し、弾力、弾性、元気の回復力」とされていますが、心理学的に表現すると、「ストレスに負けない」「逆境に直面しても心が折れない」「困難からしなやかに立ち直る力」などと言いあらわされる心の力です。「不屈の精神」などもあてはまります。アメリカの心理学会では、トラウマ、悲劇的な脅威、重大なストレス（家族の問題、人間関係の問題、深刻な健康問題、職場のストレス、経済的なストレスなど）を受けるような逆境に直面しても、それにうまく適応していく精神力であるとしています。性格などの個人ごとの特有の性質とは異なり、だれもが学習可能であり、また発展させることができるもので、何がそれを可能にするのかの研究が行なわれています。

　2014年ソチオリンピックで女子フィギュアスケートの浅田真央選手は、ショートプログラムで転倒が相次ぎ16位とメダルから大きく後退したものの、翌日のフリースケーティングでは、同じ選手とは思えない見事な演技を見せました。浅田選手を見事に立ち直らせた力こそが、浅田選手のもつレジリエンスです。

　アメリカ陸軍兵士の研修プログラムには、①メンタル・タフネスの強化（認知療法、ABCモデルなど）、②強みの構築（VIA強みの発見と活用法のワークショップ）、③確固たる関係性の確立（ACR法）という3つの柱からなるレジリエンス・プログラムが組み込まれていま

す。また、ゴールドマン・サックス、グラクソ・スミスクライン、ロイヤル・ダッチ・シェル、IBMなどのグローバル企業でもレジリエンス研修が導入されており、経営誌『ハーバード・ビジネス・レビュー』では「誰が成功し誰が失敗するかを決定づけるのは、教育や経験や訓練よりも、個人のレジリエンスのレベルである」と紹介しています。

日本の企業や病院、教育現場でも、たとえば管理職向けのセルフマネジメント研修、ゆとり世代向けの新人研修、シニア向けのライフキャリア研修、看護師のセルフケア研修などで「レジリエンス・トレーニング」を導入しはじめています。今日、雇用形態が多様化、複雑化し職場の人間関係に多くの人がストレスを感じています。また経営環境が著しく変化するなかでも高い成果が求められ、さまざまなプレッシャーにさらされています。そんな時代に求められるのが、高いレジリエンスをもつ人材です。

心の力は鍛えられる

最近の若者は打たれ弱いなどといわれます。すぐにくよくよ悩み、あきらめてしまう彼らのモチベーションを維持向上させるにはどうしたらいいのか、その方法を多くの企業が模索しています。そしてそれは、どうすればチーム力を高められるのか、部下の強みを引き出すことができるのか、モチベーションの高い職場を形成できるのか、にもつながる課題であり、その解決策として、レジリエンスの強化があげられます。

レジリエンスは子どもの発達段階のリスク研究から生まれました。貧困、精神疾患、トラウマ、不安定な家庭環境など、さまざまなリスクを負いながらも、子どもたちなぜ、年齢相応の発達を遂げたり、良好な社会適応生活ができるのかの研究に端を発しています。

現代社会では、予期できない突然の事故や災害、病気などストレス

フルな出来事に加え、DVや虐待、職場でのハラスメント、さらにはテロなどの予想を超えた特殊なネガティブ事象も起こりえます。そんなときに、しなやかに逆境から立ち直るレジリエンスがあれば、その逆境や困難から意味や意義を見出し、素早く立ち直り、希望に向かって人生を歩んでいくことができます。

　『インビクタス／負けざる者たち』（原題：Invictus）というアメリカ映画があります（invictusとは、ラテン語で「征服されない」「屈服しない」という意味）。1990年代当時の南アフリカのラグビーチームは「国の恥」といわれるほど成績が悪く、チームは極端に弱体化していました。南アフリカが長期間にわたり受けた経済制裁や、国際社会からの追放の影響で国際試合の出場機会がなかったものの、自国開催の1995年ラグビーワールドカップにおいて予想外の快進撃をみせ、優勝するまでを、史実にもとづき描いたものです。南アフリカのワールドカップ開催は、南アフリカ初の黒人大統領となったネルソン・マンデラ氏の政策が見事に効を奏し実現したもので、劇中でマンデラ氏は「わが運命を決めるのは我なり、わが魂を制するのは我なり」を繰り返し口にします。当時のチームの主将フランソワ・ピナールはその言葉に励まされ、チームを引っ張る原動力になりました。この言葉はイギリスの詩人ウィリアム・アーネスト・ヘンリーの詩「インビクタス」（Invictus）の一篇です。ヘンリーは幼少期に骨結核にかかり、10代で片足を切断。この詩は、どんな運命にも負けない強いレジリエンスの備わった精神力を謳っています。

マッスルを鍛える5つのメソッド

　レジリエンスを鍛え、強固なメンタル・タフネスを築くことは、積極的に行動できるような心のあり方を形成し、よりよい人生、よりよいキャリアをもたらすとともに、人生の節目節目での自己成長につながります。そしてレジリエンスの高い組織や職場は、高い成果を出し

続けることができ、失敗を恐れないチャレンジ精神を養い、それが、一人ひとりが常に新しいことに挑戦していこうとする気力、すなわち心の力（レジリエンス・マッスル）をさらに強化していきます。抑うつに対しての効果もあります。海外駐在など、生活すること自体がストレスであるなかで常に成果を出し続けるためにも、レジリエンスは必要です。

　レジリエンス・マッスルは、その強さに個人差はありますが、だれもがもっているものです。レジリエンスを身につけること（鍛えること）に遅すぎることも早すぎることもありません。そこで本章では、レジリエンス・マッスルを鍛える５つのメソッドを紹介します。

2 ネガティブな感情をポジティブに転換する
－メソッド1

気晴らしでネガティブ感情を鎮める

　ふだんの生活のなかには、逆境や困難に感じる出来事が多々あります。筆者も以前、職場の人間関係がうまくいかず、毎日、軽いいじめにあっているような気分で、そこにいることすらとても苦痛な日々が続いていました。イヤだイヤだというネガティブ感情にまみれていた頃にやっていたことは、毎日の「気晴らし」です。友人と踊りに出かけたり、カラオケで歌ったりしながら、友人に愚痴を聞いてもらったりしていました。好きな音楽を聴いたり歌ったり、あるいは身体を使った運動に意識を集中させることで、ネガティブ感情を身体の外へ出すことができていたのでしょう。いま思えば、この気晴らしが、日々生まれるネガティブ感情をポジティブ感情へ変化させ、明日は明日と考えることが筆者のレジリエンスの源になっていたようです。

　ネガティブ感情を打ち消し、さらにはポジティブ感情へ変換させるには、たとえば次のような方法があります（第1章P36〜38参照）。

【運動やダンスなどの身体活動】

　身体活動は即効性があり、ネガティブ感情の泥沼化を防いでくれます。ネガティブ感情（怒り、おそれ、不安、悲しみ、羞恥など）が生じた場合は、その日のうちに少しでも鎮めることが大切です。ウォーキングやランニング、ダンス、風呂にゆっくり入るなどに加え、掃除なども効果があります。

【音楽鑑賞、歌唱】

　好きな音楽を聴いたり、歌ったりすることも、ネガティブ感情をポ

ジティブ感情へと転換させることにつながります。「ひとりカラオケ」なども効果的です。

【瞑想】

瞑想は、個人的に行なうものであり、「いまここ」に心を集中させます。あわてず、ものごとの展開を自然に任せる一方で、何事も自分にとってよりよい方向へ向かっているイメージをもつようにしたり、過去を引きずらないようにします。ふだんから自分に合う瞑想法を身につけておくと効果的です。呼吸を整える（呼吸を意識する）ことでもネガティブ感情を解放できます。

【没頭できる活動】

没頭できる活動があると、自然にネガティブ感情を軽減させ、ポジティブ感情を生み出すことにつなげられます。たとえば山登りは、森林浴などを兼ねることもできますので、リラックス効果も期待できます。森の澄んだ空気の源は、森林から発散されるフィトンチッドやマイナスイオンなどではないかといわれており、最近の研究では、ガン細胞の発生を防ぐナチュラルキラー細胞を増やすことも実証されています。楽器の演奏や読書なども、そのことに没頭できるため日頃のイライラ、モヤモヤ感などのストレス解消に効果があります。

【ライティング】

日記などを「書く」（ライティング）ことは、ネガティブ感情、ネガティブな出来事をポジティブな感情や出来事に置き換えるために効果的な方法です。たとえば「Three Good Things」（3つの良いこと）は、ポジティブ心理学で取り入れられている、抑うつにも効果があり簡単にできる書くエクササイズですが、「上司にほめられた」「きょうは夫（妻）から大好物のお土産をもらった」「子どもが良い成績をとってきた」など、今日起きた出来事で、うまくいったこと、ちょっとした嬉しかったことを3つ、寝る前に思い出して書き出します。「良

いこと」を書くことでポジティブな感情を増幅させる（その分、ネガティブな感情を抑える）効果があります。もちろん、大きな喜びであれば、さらに効果があることでしょう。これを1週間から2週間続けることによってポジティブ感情が増加し、いまの自分の幸福をより強く感じることができるはずです。

　これを応用して、ネガティブな出来事をポジティブな方向へストーリーを転換させて書くという方法をとる人もいます。書き終わるとすっきりするそうです。ポジティブ・ストーリーに仕立てるまではできなくても、一日15分ほど、「私のポジティブ日記」のように書いていくことでもいいでしょう。まずは「3つの良いこと」を試してみてください。書く時間がなければ、寝る前に思い出すだけでも、ネガティブ感情がうすれ、良い睡眠につながります。

自己効力感がポジティブ感情を呼び起こす

　ネガティブな感情をポジティブなものに転換するためには、まずは上記の方法などでネガティブ感情を鎮め、そのうえで自身の思考・行動特性に合った方法でネガティブ・スパイラルから抜け出すようにします。

　また自分自身の内なる心の声に耳を傾けると、自分はどうあるべきか、何に意義を感じているのかを探るヒントになり、そこから活力が生まれ、次に挑戦していく力が湧いてきます。

　以下ではその方法を具体的に記していきますが、このポジティブ・シナリオを実行するにあたり「自分は大丈夫！　きっとうまく乗り越えられる」という自信をもつこと、すなわち自己効力感が不可欠となってきます。

3 ネガティブな思い込みのクセを知る
－メソッド2

　うつ病や不安障害などの精神疾患の治療に用いられる精神療法・心理療法に、認知（行動）療法があります。精神療法・心理療法というとむずかしく感じますが、友人や同僚からの相談に対するアドバイスや、自分の気持ちや行動をコントロールしようとするときの思考と変わりありません。

　何か問題が起きたときにネガティブ感情が生じ、そのストレスが強いと悪い側面にばかりとらわれるようになります。すなわちネガティブ感情の渦に巻き込まれ、落ち込んだり、不安や焦りの気持ちが強くなったりします。さらには悲観的な考えにとらわれるようになるなど、悪循環が繰り返されます。このような深いネガティブ・スパイラルに陥ると思考の切り替えがうまくできなくなり、心の力が弱くなります。認知（行動）療法はそれを防ぐものとして役立ちます。

　本項では、ポジティブ心理学者でエコール・セントラル・パリ大学院准教授のイローナ・ボニウェル博士が開発した、認知（行動）療法にもとづくSPARK（スパーク）モデルを紹介します（図表3-1）。

SPARKモデルで示される思考と行動

　人が何かの出来事に対してとる思考や行動をSPARKモデルで示すと次のようになります。

　①「何が起きたか」という事実（出来事Situation；S）に対し、
　②「その出来事をどのように解釈し意味づけるか」（とらえ方Perception；P）を瞬時に判断し、
　③とらえ方から誘発される内的反応「感情・気持ち」（感情

Affect；A）が芽生え、
④湧き出した感情・気持ちから、自分が外部に対し何らかの「態度、あるいは行動」（反応・行動Reaction；R）を示し、
⑤その出来事を自分自身はどのように受け止め、認識したか、という自分に対する「信じ込みや認識」（認識Knowledge；K）がなされ、それを再確認する

というもので、S（出来事）⇒P（とらえ方）⇒A（感情）⇒R（反応・行動）⇒K（認識）で示すことができます。

【ケース①】
　友人B子さんは朝、出勤してくるととても不機嫌な様子で、挨拶もなしに机の上にカバンをバンと置きました。どうしたのか聞くと、「さっき上司に廊下ですれ違ったときに、『おはようございます』と笑顔で挨拶したのに無視された。きっと私のことが嫌いに違いない。もうあの上司には挨拶しない」と、とてもネガティブな感情をもっていました。

　これをSPARKに置き換えると、次のようなサイクルになります。
　S（出来事）：挨拶したのに無視された
　P（とらえ方）：挨拶を返さないのは、非常識だ。きっと私のこと

図表3-1　SPARKサイクル図

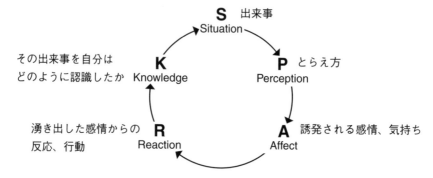

を良く思っていないからに違いない
　A（感情）：悲しい、怒り、不安など
　R（反応・行動）：カバンをバンと置いて、もうあの上司には挨拶
　　しないと決める
　K（認識）：私は上司に嫌われている

　このうち、S（出来事）からA（感情）までは自分のなかに瞬時に湧き起こります。また、時には無意識のうちにネガティブ感情にとらわれます。この瞬時に起こる思考のことをティッカーテープ思考といいます。そして、そのネガティブな感情が暴力的な行動に出たり、不安や悲しみにとらわれて仕事に集中できなくなるなど、R（反応・行動）となってあらわれるので、SPAのP（とらえ方）が大変重要で、その後の感情や反応・行動、植えつけられる認識に大きく作用することがわかります。

　B子さんは、挨拶した上司に対して、「挨拶を返さないのは私のことが嫌いだからだ」というネガティブ・シナリオを生じさせました。しかしながら、たまたまその上司は急いでいてB子さんが目に入らなかったなど、何かの事情でB子さんに挨拶ができなかっただけかもしれません。本当の理由はわかりませんが、B子さんにとっては、挨拶を返さないのは非常識なことで、このような相手の事情を考える余裕など頭の中にはありません。「挨拶を返すのがあたりまえ」という信念のもとに、「私のことが嫌いだから」挨拶を返してくれないという思い込みに到達してしまうのです。

　意外とよくある挨拶トラブルですが、相手の事情を想像したり、柔軟な考えができない人は、B子さんのようにネガティブなシナリオをつくってしまいがちです。このようなネガティブ・シナリオに結びつかせないためには、まずA（感情）とP（とらえ方）は切り離して考えることが大切です。P（とらえ方）を「上司には何か事情があった

のかもしれない」と変えることができれば、次に生じる感情は異なるものとなり、ポジティブなシナリオに書き換えられるからです。そうするとR（反応・行動）が変わっていき、K（認識）の植えつけはポジティブなものに置き換わります。たとえば次のとおりです。

　S（出来事）：挨拶したのに無視された
　P（とらえ方）：上司には何か事情があったのかもしれない
　A（感情）：心配、大丈夫かな？（相手を思いやる感情）
　R（反応・行動）：あとで何かあったのか聞いてみる
　K（認識）：（事情を知って）「なんだ、そんなことだったのか」
とふだんと変わらない、よい関係性が保たれる

【ケース②】
　チーム内会議でCさんは、隣のチームに所属する感情の起伏の激しいF氏に書類の作成を頼む役目を任されました。Cさんにとっては、依頼することを非常に負担に感じる相手です。内心「なんで私がお願いしなければならないのか」と、ずるずると先延ばしにしていたところ、ついに締め切り日になり、思い切って「この書類、今日が締め切りなんです。すみませんが本日中にお願いします」と依頼すると、F氏は「え、今日なの？　君ねぇ、なんでもっと早く言わないの。無理だよ無理。とりあえず置いといて」と睨みつけるような目で見られ注意されました。Cさんは「やっぱり注意された。なんでいつもこんな嫌な役回りなんだ」と仕事に対する理不尽さを感じ、「嫌なことをいつも押しつけられるので、きっと自分は期待されていないんだ」と不機嫌になり、仕事に対するやる気も出なくなっていきました。

　これをSPARKに置き換えると、次のようにあらわせます。
　S（出来事）：睨まれて注意された
　P（とらえ方）：嫌な役目だ、どうして私がこんな理不尽な目にあうのか

A（感情）：不安、怒り、脱力感
　R（反応・行動）：不機嫌になり仕事に対するやる気がなくなった
　K（認識）：自分は期待されていない
　このとき、Pで「嫌な役目、理不尽だ」ととらえると、感情Aは「不安、怒り、脱力感」につながりますが、Pが「きょう言われてきょうでは、自分でも嫌だよな。申し訳なかったな」と変わると、感情Aは「申し訳ない気持ちや同情」に変化していきます。そして、R（反応・行動）が「これからは、嫌な役目でも早々に対処しよう」と変化し、K（認識）は「嫌な役目は、だれもできないから自分は期待されているのかもしれない」というポジティブなシナリオになっていきます。

いつもと違うとらえ方をしてみる

　このように、日常に起こる些細な出来事などから、自分はふだん、どのようなとらえ方をしているのか、すなわち自分のP（とらえ方）をみつめ、ネガティブなとらえ方をしているなら、それを変える練習をしてみてください。ものごとや出来事のとらえ方を変える力を育てることは、ネガティブな思い込みを消去し、常にネガティブ・シナリオを描きがちな感情をポジティブ・シナリオに書き換える心の力になります。そして、日常の小さな出来事を常にポジティブ・シナリオに書き換える練習を繰り返すうちに、逆境や困難に直面しても冷静に自分の内面と向きあい、出来事を柔軟にとらえられるようになります。それが、逆境や困難からしなやかに立ち直る、折れない心を育てるレジリエンス・マッスルを鍛えることにつながります。

　なお、出来事やものごとのとらえ方には、人それぞれの「思い込みのクセ」があります。次項では、自分のなかにあるネガティブな思い込みのクセを「ネガティブなオウムたち」を使って発見していきます。

4 「思い込みのオウム」を探せ
―メソッド3

　SPARKモデルでは、ネガティブ・シナリオを描く人のなかには、ものごとのとらえ方（P）に思い込みが存在し、ある出来事が引き金となって思い込みのクセを刺激し、ネガティブな感情を生み出していくとされています。そこで、出来事・ものごとのとらえ方に着目し、ネガティブな思い込みのクセをみつけていきます。

　この思い込みのクセは生まれもったものではなく、成長する過程で形づくられます。孤独感や喪失感をともなう体験、自己効力感の低下、職場でのストレス、自己コントロール力の低下、無力感から形成され、心に深く根づいているものであり、みつけ出し修正していくことができます。以下では代表的な7つのネガティブ感情をもつ「7羽の思い込みのオウム」を使って自分の思い込みのクセをみつけていきます（**図表3-2**）。

代表的な7つのネガティブ感情

　【批判オウム】他人を非難・批判するタイプ

　「自分は悪くない、彼らが悪い」など、すぐに他人のせいにし頑固で意見を変えません。たいてい「怒り」を感じています。

　【正義オウム】なんでも裁くタイプ

　「それは不公平だ、正しくない」など、正しくあることや公正さをとても気にします。神経質で正義を貫き、公平でないと感じると嫌悪や怒り、不満をあらわにし、憤慨し不機嫌になります。

　【あきらめオウム】問題を前にすると立ちすくみ動けなくなるタイプ

　「それは自分の手に負えない、うまくできるわけがない」など、自分

図表3-2　7羽の思い込みのオウム

うまくいかないのは
彼らのせいだ！
私は悪くない！

こうあるべきだ！
それは不公平だ！

どうせ自分には
うまくできるわけがない
ムリ！ムリ！

批判オウム

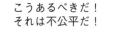
正義オウム

あきらめオウム

みんな私よりすぐれている
自分はいつも役に立たない…

すみません
すべて自分が悪い
私のせいだ～

敗北オウム

謝りオウム

あー、どうしよう
きっとうまくいかない

べつに～
知ったこっちゃない

心配オウム

無関心オウム

の力ではものごとを良い方向へ変えられない、影響を与えることは何もできないと思っています。不安や無気力感、無意欲感、さらには孤独感にさいなまれます。

【敗北オウム】自分は他人より劣っていると、ものごとに及び腰のタイプ

「みんなは自分よりすぐれている、自分は役に立たない」など、他人と比べられるのを恐れ、人前に出るのを避けたがります。敗北感、劣等感、憂鬱などの感情に支配されています。

【謝りオウム】自分を責めるタイプ

「全部自分が悪い、すべて自分のせいだ」など、常に自分自身が悪いと考え、自分を責めてばかりいます。罪悪感、羞恥心、不安や焦りなどの感情を抱き、これらの感情に浸っているとさらにその感情が増幅されます。

【心配オウム】なんでも心配するタイプ

「すべてがうまくいかない、ひどい結果になるだろう」など、先行きを憂い、現在の状況が悪い方向へいくのではないかと不安になり気をもみます。些細なことでも大惨事のように考え、不安やおそれ、緊張、神経質な状態に陥ります。

【無関心オウム】こだわらないタイプ

「別にどうでもいいです。興味ない」など、どんなことも真剣に受けとりません。時には盲目的な楽観主義者になります。最後にはなるようになると思っているため、現状がどうであっても気にしません。いまだけに注目しているので、将来に対する関心の欠如、漠然とした不安感を抱くことにもなります。

あなたが飼っているのは何オウムですか

思い込みのクセを知るには、上記の7つのタイプのうち、どこからかやってきて肩にとまっているのが何オウムかを考えてみてくださ

い。以下は、筆者とある中規模金属メーカーのＴ社長とのコーチング・セッションでの例です。実直で行動的、そして常に前向きなＴ社長は、現在進めているあるプロジェクトチームの業績が思うように伸びず大変不満を抱いているとのことでした。それ以外にも、なぜ社員たちはうまくやれないんだと、会社の将来に対して常に不安や心配があり、ネガティブ感情に支配されていました。

　筆者が、「あなたの肩に乗っているネガティブなオウムは何オウムですか？」と質問したところ、Ｔ社長には批判オウム、心配オウム、正義オウムがみつかり、その３羽が常にどこからか飛んできて、しばしば肩にとまって耳元でささやくとのことでした。「いま進めているプロジェクトに対しては、どのオウムがもっとも長い時間肩に乗っていますか？」とさらに聞くと、「一番多いのは心配オウムかな」とのことなので、心配オウムが何と言っているのかを表現してもらいました。すると、「すべてがうまくいかない、ひどい結果になったらどうしよう」と状況が悪くなることばかり常に気になり、肩にとまってささやき続けていると。そして「実はそのプロジェクトリーダーを任せている社員は、なんとなく頼りない感じで、大丈夫かなといつも不安になる」と語り始めました。そこで、そのリーダーがこれまで進めてきたプロジェクトや仕事の実績はどうだったか振り返ってもらうと、「これまではなんとか実績も出して、うまくいったが、新しいプロジェクトが始まると、いつも心配オウムが私の耳元でささやき続ける」とのこと。

　この心配オウムこそが、Ｔ社長の「思い込みのクセ」であることがわかりました。

思い込みのオウムにどう対処するか

　そこで、いま飼っている心配オウムの言っていることは正しいのかを検討し、そのオウムを「追放する」「受容する」「再訓練・手なずけ

る」のいずれかを判断してもらいました。すなわち、選択肢は次の3つの方法です。

- 心配オウムの言っていること（ここでは「すべてがうまくいかない」）は非現実的で妥当性はなく信用できないので追放する
- 心配オウムの言っていることは現実的で妥当性が高く信用できるので受容する
- 心配オウムの言っていることは、信用できるものではないが、まったく非現実的というわけでも、妥当性がないというわけでもない（グレイゾーン）ので、自分にとって必要なものとして再訓練し、手なずける

このなかでT社長は「再訓練・手なずける」を選びました。「プロジェクトの成功は会社にとっても社員にとっても重要なことで、私の立場としてはこの心配オウムを追放するわけにはいきません。常に私に寄り添い、時には『大丈夫か』とささやいてもらう必要もあるので、私の思い込みのクセである心配オウムを常にささやき続けさせておくのではなく、時には静かにさせ、本当に私が迷ったときに『心配だろうが君ならできる』と語りかける"励ましオウム"になるように再訓練し、耳元で励ましてほしいと思う」と、自分の思い込みのオウムとどう向き合うかをみつけたT社長は、心がすっきりした様子でした。

このように、思い込みのオウムをみつけ、それにどう対応するかで、その後のシナリオは大きく変わっていきます。

ネガティブな感情を好転させる

ところで、思い込みのオウムはネガティブな感情ばかりを抱いているのではなく、ポジティブな感情も持ち合わせています。ポジティブオウムについては3羽があげられます（**図表3-3**）。

前項3のケース①で、挨拶を無視され「悲しい、怒り」などの感情

図表3-3　3羽のポジティブオウム

君なら
やればできるよ
頑張ろう！

調べれば
いいことみつかるよ〜

大丈夫！
一歩踏み出してみよう!!
行動してみよう！

励ましオウム　　　　探偵オウム　　　　　勇気オウム

を抱いたB子さんには批判オウム、正義オウム、敗北オウムがひそんでいるのかもしれません。B子さんの思い込みを正義オウムとするなら、「それは正しくない、非常識だ」と耳元でささやくオウムの主張は、上司側の理由が検証できないものの、非現実的でも妥当性がないわけでもないため、正義オウムを再訓練・手なずけることが妥当でしょう。B子さんの思い込みのオウム（正義オウム）は再訓練され、「確かに挨拶を返さないのは正しくないが、上司にも何か事情があったのかもしれない」という「事情捜索オウム」（別名、探偵オウム）や「聞いてみるのはちょっとこわいけど、勇気を出して聞いてみよう！」という「勇気オウム」に変わることで、その後のB子さんの行動が変化するなど、すべてのシナリオが当初と異なるものになっていきます。

　同様に、ケース②で苦手な相手に睨まれたCさんは、「不安、怒り、脱力感」などから正義オウム、あきらめオウム、敗北オウムがひそんでいるのかもしれません。たとえば「あきらめオウム」だったとしたら、「それは自分の手に負えない、うまくできるわけがない」と

ささやき続けています。もっとも、あきらめオウムの言うことが現実的で妥当性があるかどうか、それまでを振り返り、うまくやってきたこともあるという事実がみつかると、オウムの主張は現実的ではなく、妥当性もないため信用できず、追放することになります。あきらめオウムを手放すことでネガティブな感情からは解放され、ポジティブなシナリオを導き出すことにつながります。

　このように、まずネガティブな体験からSPARKサイクルのA（感情）に焦点を当てて、思い込みのオウムをみつけます。そして、そのオウムの意見は現実的か、妥当なものか、信用できるものかを検証することによって、ネガティブな思い込みのクセを修正していきます。検証の結果、オウムの言っていることがまったく妥当性も根拠もない場合は、手放してしまいましょう。

　思い込みのオウムは私たちの経験から生まれた認識や思考パターンでつくり上げられていますので、すべてがネガティブとは限りません。必ずネガティブとポジティブの両面をもっています。だからこそ、再訓練したり手なずけることで、「励ましオウム」や「探偵オウム」「勇気オウム」などへ変化させていくことができるのです。

5 自分史から「強み」をみつける
―メソッド4

6つの美徳と24の強み

　人は、6カテゴリーの美徳（Virtue）と24種類の強みをもつといわれています。以下は、ポジティブ心理学の第一人者であるクリストファー・ピーターソン博士とマーティン・セリグマン博士が、世界190ヵ国、260万人以上の人々を対象に行なった調査をもとに、主要な宗教や哲学的な伝統に共通する6つの美徳を抽出し、さらに24の性格特性で分類したものです。

　【知恵】知識の獲得、利用に関する強み
　創造性、好奇心、向学心、柔軟性、大局観
　【勇気】外的な反対（たとえば親や周囲からの反対）、内的な反対（できないかもしれないという恐怖心など）にかかわらず、目標に到達しようとする強い意志（強固な意志を備えている強み）
　真情（誠実さ）、勇敢さ、忍耐力、熱意
　【人間性】対人関係に関する強み
　親切心、愛情、社会的知能
　【正義】公共性のある人としての強み
　公平、リーダーシップ、チームワーク
　【節制】行きすぎた行動を制御するための強み
　寛容（慈悲深さ）、慎み深さ（謙虚さ）、思慮深さ、自己調整
　【超越性】より大きな世界観へとつながる強み
　審美眼、感謝、希望、ユーモア、スピリチュアリティ
　マーティン・セリグマン博士は著書『世界でひとつだけの幸せ』の

なかで、強みについて、「強みと才能は別もの。強みは軟弱な土台にも築くことができる。十分な訓練と粘り強さ、そして適切な指導と熱意があれば、しっかりと根づき育っていく。才能は自動的なものだが、強みは自発的なものである」と記しています。

以下では、自分の強みを発見していきます。

自分史（レジリエンス・ストーリー）を紡ぐ

まず、自分の強みをみつけるために、これまでの自分史（レジリエンス・ストーリー）を物語のようにまとめていきます。転機となった出来事を箇条書きするのでも大丈夫です。また、スタート地点は社会人になってからでも、子どものときからでも構いません。それを、縦軸が幸福度、横軸が年齢のグラフにあらわしていきます（**図表3-4**）。

いろいろな曲線ができ上がりますが、ボトム・ポイントは精神的な落ち込みの底をあらわし、ピーク・ポイントは精神的にもっとも充実していることを示しています。重要なのは、ボトム・ポイントからピーク・ポイントに上がっていく矢印↑で、これがレジリエンスです。落ち込みからどのように精神的充実へ昇り続けられたのかに注目し、

図表3-4　自分史（レリジエンス・ストーリー）をつくる

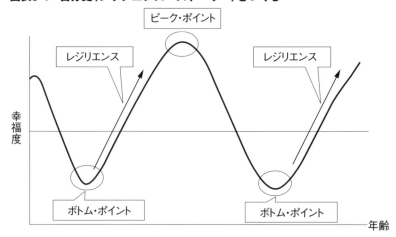

ピーク・ポイントへの上昇時に起きた事柄などから、「自分の強み」は何だったのかを振り返ります。また、グラフに書き込まれた個別の出来事や経験を再確認することで、いままで気づかなかった「自分自身が大切にしていること」が見えてきます。

以下では、ロシアとフィリピンの海外駐在を経験した大手精密機器会社海外部門に勤めるM氏のレジリエンス・ストーリーを見ていきます（**図表3-5**）。

【第1のボトム・ポイント】新婚旅行から帰った翌日にロシア赴任命令

ロシア語ができない、夫婦で行くのか単身かなど、不安にさいなまれ大変落ち込んだ時期であったが、ロシア語を学びはじめ、妻も帯同し、おそるおそる始めたロシア生活もうまく回り出した。→**図表3-5**のレジリエンス①

【第2のボトム・ポイント】離婚、嫌いな上司でやりがい喪失、業績低迷

ロシア語もできるようになり、やっとロシアが好きになってきた矢先に帰任命令。さらに、離婚したこともあり、プライベートと仕事のダブルパンチで最低な時期が3～4年続いたものの、昇進でモチベー

図表3-5　M氏のレジエンス・ストーリー（例）

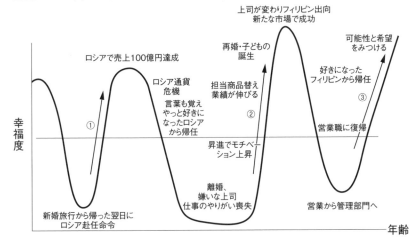

ションが高まる。さらに自分の扱う商品が変わったことで業績が伸び、フィリピンへの出向も決まる。プライベートでは、新しい伴侶と出会い子どもも誕生し幸福度が高まる。→**図表3-5**のレジリエンス②

【第3のボトム・ポイント】営業部門から管理部門への配転

フィリピンからの帰任と同時に、いままで頑張ってきた海外営業畑から国内管理部門へ転属になる。なかなかなじめない仕事に奮闘するも成果の見えないことや、人事的ないざこざに巻き込まれモヤモヤした日々が続いた。「このままでいいのだろうか」と自問自答を繰り返し、たまに職場を抜け出し、気分をまぎらわすためにパチンコなどで時間を潰したこともあった。一方で、「このままではイヤだ」と自らの人的ネットワークに積極的に働きかけたところ、海外営業部門に戻ることができ、いまはこれからの仕事に可能性と希望を見出している。→**図表3-5**のレジリエンス③

レジリエンスに焦点を当て、強みをみつける

M氏はこのようなレジリエンス・ストーリーを語ってくれました。仕事、プライベートとも、多様な経験のなかで注目すべきは、M氏が発揮したレジリエンス①②③です。人はだれでも、良い時（ピーク・ポイント）もあれば悪い時（ボトム・ポイント）もあります。その両ポイントに至る変遷、それもボトム・ポイントからピーク・ポイントへの移り変わりに焦点を当て、そこでどんなことがあったのか、何をしたのか、だれといたのかなどに着目し、自分のレジリエンスの力を確認します。それを掘り下げて自分に問うことが、自分の強みの発見につながります。

M氏に、①②③それぞれの強みは何だったのかを聞いてみました。

まず①は、初めての海外生活ということでの不安が大きいなか、異文化を受け入れ環境に早く慣れることができた点だったことで、本人はまったくロシア語を話せない状況でも、買い物の際にお店の人の話

すロシア語をそっくりまねて笑いをとるなどして仲良くなり、楽しく生活するすべを見つけたそうです。また、ローカルスタッフとのコミュニケーション不足を解消するため、わからないながらも必死でロシア語を使うようにしていて、そこで発揮された「強み」は、ユーモア・愛情・好奇心・熱意・公平さだったと振り返っていました。

次に②では、ひどい落ち込みが3〜4年続きましたが、まずは昇進で仕事に対するモチベーションが向上しました。そして、新しい伴侶との出会いなどがあります。そのときの「強み」はユーモア・愛情・リーダーシップ・社会的知能・忍耐力でした。

③では、なじめない職種や部署でモヤモヤ感の募る日々から脱出することで、可能性と希望をもてるようになりました。そのときの「強み」は、ユーモア・社会的知能・忍耐力・リーダーシップ・大局観・公平さ・感謝・希望でした。

強みを人生や仕事に活かす

このようにたくさんの強みが見えてきましたが、ユーモア・愛情・公平さの3つが共通項としてあげられます。特にユーモアがもっとも大きな強みだとM氏自身も納得していました。

「ユーモア」は、人を笑わせるのが得意というだけでなく、その強みには、いろいろな状況で人生に明るい側面を見出せることがあります。逆境で気が滅入るのではなく、機嫌よくいられることをみつけ、ストレスのレベルを下げ、他者とより楽しくかかわり、困難な状況での気晴らしを助けます。M氏は、ストレスをユーモアという強みを使って表現することで放出していたと言います。

また「愛情」は、自分の周りの人々と思いやりのある関係を築くことで、ほかの人を温かく受け入れ、自らの勇気を引き出します。そして大きな意思決定をするときには他者を信頼し、愛する人を優先するなど、家族や友人が自分にとってもっとも大切だと考えます。

さらに「公平さ」は、相手の環境や貧富の差などにかかわらず、だれに対しても同じように接し、性別や年齢、人種などをベースに人を判断することはありません。

　人にはいろいろな「強み」があります。レジリエンス・ストーリーから、その時々に発揮された自分の強みをみつけ出せれば、仕事や人生に活用していくことができます。筆者のこれまでの経験からも、強みを仕事に活かしている人は、レジリエンス、充実感、モチベーションが高く、自信をもって目標に向かっていて、ストレスをためにくいことが特徴としてあげられます。また、逆境や困難に直面したときも自分の強みを知っていれば、その強みにもとづいた行動がとれるので、困難な状況からしなやかに立ち直れます。

　なお、仕事に特化した強みを発見するには、過去１年間の仕事上の達成感を縦軸に、時間を横軸にしたジョブ・ストーリーを描いてみるのも一つの方法です。ボトム・ポイントからピーク・ポイントへ変化していくレジリエンスのなかに隠れている強みをみつけられます。ジョブ・ストーリーはペアワークなどでだれかに語る方法がとれれば、非常に効果的ですが、セルフケアとして時間のあるときにストーリーを書き出してみるのも有効です。

　なお、強みをみつける「診断ツール」を参考までに紹介します。

・VIA-IS（無料）アメリカのVIA研究所提供の強み診断ツール
　→http://www.viacharacter.org/survey　（P85「24の強み」）
・REALISE2（有料）多角的に診断できコーチングなどに有効
　→https://realise2.cappeu.com/4/login_public.asp?rID=1
・STRENGTHS FINDER（有料）仕事における強み診断
　①ギャラップ社HPから受検（HPは英語、質問項目は日本語選択可）
　　→http://www.gallupstrengthscenter.com/Purchase
　②書籍『さあ、才能に目覚めよう』に記されているIDで受検可

6 ソーシャル・サポートを活用する
ーメソッド5

心が軽くなるように援助しあう

　ソーシャル・サポート（社会的支援）もレジリエンスを鍛える重要な要素であることが知られています。そこで、まずはソーシャル・サポートとはどのようなものかを見ていきます。

　厚生労働省ではソーシャル・サポートを次の4つに分けています。
- ・情緒的サポート：共感や愛情の提供
- ・道具的サポート：形のある物やサービスの提供
- ・情報的サポート：問題の解決に必要なアドバイスや情報の提供
- ・評価的サポート：肯定的な評価の提供

　このうち、道具的サポート以外は、人から受ける援助です。自分を取り巻く社会環境のなかには、援助してくれる人がたくさんいます。たとえば家族、友人、職場の同僚、上司などです。健康維持やストレス緩和のための情報を提供する団体などもあります。

　海外の映画やテレビ番組でよく出てくるシーンに「禁酒セラピーサークル」があります。禁酒をめざしている人が気軽に自分のことを話したり、みんなで相談し、心が軽くなるように援助しあったりしています。このようなものもソーシャル・サポートです。日本にはカウンセリングやセラピーは病気に用いられるという印象があるようですが、アメリカなどではもっと気楽にとらえられています。精神的に長く落ち込みすぎて本当に病気になることを避けるために、早期に心の回復をめざしているのかもしれません。

　筆者がレジリエンス演習に参加し、4名のグループワークでレジリ

エンス・ストーリーを作成したときのことです。筆者以外の3名は、カウンセラー、保健師、ソーシャルワーカーでした。当時は、高齢の母が突然入院し重篤な状態にあることに加え、仕事があまりうまくいっていないときで、筆者のレジリエンス・ストーリーだけが、最後の曲線がネガティブなボトム・ポイントにありました。ほかの人の曲線がポジティブなピーク・ポイントに向かっているところで終わっているのを見ただけで、気持ちが一層へこみましたが、その一方で、ほかの3名のいずれもがとても大変な思いを乗り越えてピーク・ポイントに向かっていることがわかり、とても勇気づけられました。また、ボトム・ポイントにいる筆者のストーリーに対して、「きっとうまくできる、あなたなら大丈夫」と励まされもしました。演習の場で初めて出会った3名でしたが、私のソーシャル・サポーターだといえます。

「感謝の手紙」を書くと自分の幸福度が上がる

ところで、ボトム・ポイントから這い上がろうとしたときに自分を支え、応援してくれた人(ソーシャル・サポーター)を思い出してください。「あのとき、あの人の励ましがなかったら、いまの自分はないな。お世話になった」「家族がよく支えてくれた」「あの先生の一言が背中を押してくれたな」などの感謝の思いが湧き上がってきます。それらソーシャル・サポーターの方々へ感謝の気持ちを伝えきれていないなら、いまから「感謝の手紙エクササイズ」を行なってみましょう。

感謝の手紙エクササイズとは、いまの自分の状況、その人が何をしてくれたのか、自分にどのように影響を与えたか、その人がいなければ現在の自分はどう変わっていたかなどを具体的に、心を込めて手紙にまとめるものです。ポジティブ心理学には、書いた手紙を携えて訪問し、本人の前で読み上げて感謝の気持ちを伝える「感謝の訪問」の手法がありますが、手紙を書くだけでも自身の幸福感はアップします。

実際、このエクササイズを行なうと、書いている間から感謝の気持

ちがあふれ涙を流す人が出てきます。また、書き終わってから「この手紙を書いたことで、幸福度が上がった人はいますか？」と聞くと、必ず多くの手があがり、周りの者まで幸福度がアップするという魔法のようなエクササイズです。自分史を振り返り、感謝を伝えきれていないと思われる人は、ぜひ「感謝の手紙」を書くことをおすすめします。もちろん、書いた手紙は投函するとなおよいでしょう。

コミュニケーションを通じて築く強い絆

人は一人では生きていけません。人生のいろいろな場面でソーシャル・サポートが必要とされます。そして、そのソーシャル・サポートはレジリエンスを強化するために欠かすことができません。

ソーシャル・サポートは自分のネットワークのなかに存在し、より強い関係性を築くことで絆が深まっていきます。強い絆をもつ関係性を築くために必要なのがコミュニケーション力です。

カリフォルニア大学の心理学および脳科学のシェリー・ゲーブル教授は「苦しいときに支えてもらえると思うだけで親密さや信頼、結婚満足度が高まる」という調査リポートを2012年に公表しています。人間関係において幸福度にもっとも影響するのは親密性だという調査結果もあります（親密性の強さはつきあった長さには比例しません）。

以下では、親密性を形成する対話手法「ACR」（Active Constructive Response）を紹介します。ここでは、相手のポジティブな体験談へのあなたの反応が関係性継続のカギとなります（相手に良いことがあったときに、どのように反応するかが決め手です）。

たとえば、夫が仕事で成功を収めたなど、相手にとって良いことの報告があった場合の対応を考えてみてください。

①積極的で建設的

「頑張ったね、おめでとう。きょうはお祝いね」と祝福すると、相手も「やった！　これからも頑張ろう」と自己重要感・相互理解・活

力が得られます。

②積極的だが否定的

「でも、残業も多くて大変じゃない…」などの否定的なコメントをすると、相手は「そうだよね、問題点はまだあるから、なんだか恥ずかしいなぁ」と恥や怒りを感じます。

③建設的だが消極的

「あら、そう」などの、否定はしないものの前向きでない返事に対しては、「なーんだ、自分だけ頑張って浮かれてるみたい」と相手の無理解に対し自尊心低下がみられます。

④否定的で消極的

「それはそうと、きょうは大変だったのよ」などと話題を転換されると、「私のことにはまったく興味ないんだよね。もうこれから話すのはやめよう」と相手の無視に失望を感じます。

相手を尊重し、主張すべきことは伝える

このように、話を受け取った側の対話（応答）によって、話し手の感情は左右されます（**図表3-6**）。

親密性（幸福度）の高い生活を送るためには、①の応答が相手に活力を与え、やる気を引き出します。少々大げさなくらいな反応のほうが効果的です。小さな喜びの報告であっても、①の対応をすることで

図表3-6　話し手の感情を左右する受け手の対話

	積極的	消極的
建設的	頑張ったね、おめでとう！ きょうはお祝いね **自己重要感、相互理解、活力**	あら、そう… **無理解、自尊心低下**
否定的	でも、仕事が大変だし… 残業も多くて大変だから… **恥、怒り**	それはそうと、 きょうは大変だったのよ **無視・失望**

親密性はますます高まります。職場での同僚、部下、あるいは上司との対話、家族や友人、グループ内での会話で実践してみてください。

相手にどう対応するかがコミュニケーションで大切なことは上記のとおりですが、自分の主張をうまく伝えることも重要なポイントです。私たちの日頃のコミュニケーションのスタイルは大きく次の4つに分けられます。

【受身的スタイル】

自分の要求を出せない、すぐに謝ってしまう。周囲には波風を立てないノーと言えないスタイルです。ストレスをためやすく、攻撃的な相手に傷つけられたり、不当な扱いを受けたりすることがあります。

【攻撃的スタイル】

自分が一番正しいと思っているため、ほかの人に影響を及ぼそうとして、ほかの人を傷つけたりすることがあります。

【作為的スタイル】

かげ口を言ったり、本心は表に出さず、嫌みのある言い方や回りくどいやり方で人を責めたりします。人に面と向かうことができず、人を操ることで自分に有利な状況にもっていこうとします。

【アサーティブスタイル】

自分の心の中を開示することを恐れず、他の人に影響を及ぼそうとはしません。自他の「個人の境界と権利」を尊重します。

アサーティブ・コミュニケーションは習得できる

アサーティブとは、自分の意見を積極的に主張することを意味し、自分の意見を押し通すことではありません。寡黙が美徳とされる日本人は思ったことや意見をはっきりと明言しない傾向にありますが、相手を尊重したうえで誠実かつ率直、対等に自分の要望や意見、気持ちをその場に適切な言い回しで相手に伝えるアサーティブ・コミュニケーションは、訓練によって習得していくことができる技術です。

伝えるべきことをきちんと伝えるためには、「わたし」を主語にした言い方（Ｉ：アイ・メッセージ）をすると、自分の気持ちを相手に伝えるだけでなく、相手も行動を見直しやすくなります。

　たとえば、「（あなた）こんなに遅くまで何してたの？　遅く帰ってくるなら連絡ぐらいしてよね！」は、「あなた」を主語にした言い方（YOU：ユー・メッセージ）です。相手は責められていると感じ、うるさいなと無視したりするかもしれません。これを、自分の気持ちを述べる「わたし文」にすると、「（私は）とても心配したのよ、遅くなるときは連絡してほしいわ」と変わります。その結果、「ゴメン、○○で遅くなったんだ」とスムーズに会話が始まるかもしれまん。

　職場でも、頼みごとがある場合などに「～していただけると（私は）大変助かります」のように、「わたし文」（Ｉ：アイ・メッセージ）で話すと、相手の協力したいという気持ちを引き出せます。このように、相手の行動変革を促しますので、よりよい人間関係を築くことができるのです。

いざというときに頼れるネットワークを広げる

　逆境や困難に出会ったときに頼りになるネットワークは、日頃から留意して広げておくことが大切です。次のことを自分自身に問いかけてみてください。

- 秘密を話せる信頼できる関係性にある人はだれですか（トラスト・ネットワーク）
- 助言やガイダンスをもらえる人はだれですか（アドバイス・ネットワーク）
- 情報が必要なときに頼りになる人はだれですか（インフォメーション・ネットワーク）
- 何か新しいものを創造するときに一緒にできる人はだれですか（クリエイティブ・ネットワーク）

・一緒にいて楽しめる人はだれですか（ソーシャル・ネットワーク。facebookやtwitterなどのネット上の友人ではなく、face to faceで実際に会って楽しめる人）

　私たちは、社会生活を送るうえで、さまざまな問題や大なり小なりの逆境、困難にあうことは避けられません。職場では、いじめやパワーハラスメント、人生においては家族との死別や離婚、病気。そして世界中で、大きな事故や犯罪、テロや災害など、個人の力ではどうすることもできない衝撃的な出来事が起きています。このように、時には大きく人生観を変えてしまうような出来事に直面することもありえます。そんななかでも、レジリエンスの力が高ければ、早期に問題や逆境、困難を乗り越えていくことができるはずです。

感謝の気持ちが心の力を支える

　未曾有の災害などを経験した後にPTSD（Post Traumatic Stress Disorder；心的外傷後ストレス障害。衝撃的な出来事を経験した後に起こる心の障害）が生じやすいことが知られています。最初の衝撃的な出来事で受けるASD（Acute Stress Disorder；急性ストレス障害）が尾を引き、その出来事を原因とするイライラや不眠症、恐怖心などを引き起こす状態が1ヵ月以上続くのが、PTSDです。それとは逆にPTG（Post Traumatic Growth；心的外傷後成長）と呼ばれるものがあります。死と向き合うような状況など、大きな心の傷（トラウマ）となる衝撃的な出来事の後に、その逆境から意味や意義を見出し成長していく心の力です。自己の強さや死に対する観念の変化、生に対する感謝、人とのつながり（絆）の重要性の認識、新しい自分の可能性に気づき、ライフスタイルに変化をもたらすことから、特に出来事の前にはあたりまえだと思っていたことが、あたりまえではなく、「自分は生かされている」ということなどに気づき、多くの感謝の気持ちが生まれます。この感謝というポジティブ感情が心の力を支えていき

ます。これはつらい大きな困難と心の傷を乗り越えたからこその成長で、新たな学びや世界観や価値観の変化、信念といったものがその後の成長を築いていきます。

レジリエンスを通じて人生の意義や意味を探る

　PTGは、第1章でもふれたオーストリアの精神科医ヴィクトール・E・フランクルの『夜と霧』のなかに垣間見ることができます。

「彼等は、人が強制収容所の人間から一切をとり得るかも知れないが、しかしたった一つのもの、すなわち与えられた事態にある態度をとる人間の最後の自由は奪うことができない、すなわち、あれこれの態度をとることができるということであり、収容所内の毎日毎時がこの内的な決断を行なう数千の機会をあたえたのであった」と、どんな逆境においても人間から自分の態度を選び、行動を選び、自分の生きる道を選ぶ自由は奪うことはできないことを教えてくれます。

　日本では、阪神・淡路大震災、東日本大震災など大きな災害が立て続けに起きました。東日本大震災の後、日本全体の価値観や信念が「物から心へ」と動いたように感じています。とてつもない自然の力を前に、人は無力でした。しかしながら、日本人の助けあいの精神、礼儀正しさ、我慢強さは世界中から称賛されました。ロシア・イタルタス通信は「日本にはもっとも困難な試練に立ち向かうことを可能にする『人間の連帯』がいまも存在している」と報じています。この「人間の連帯」こそが、「絆」の真の意味であり、レジリエンスなのかもしれません。

　いま一度、自分自身に以下の点を問い直してみてください。
・逆境体験、一皮むけた経験は何でしたか？
・その経験から学んだ事は何ですか？
・その経験が、後に仕事や自己成長に役立ちましたか？
・その経験で何が変わりましたか？

レジリエンス・アセスメント

次の各問に自分がどの程度同意するか、以下の7段階から自分の感覚にもっともよくあてはまる数字を選んでください。

1.	2.	3.	4.	5.	6.	7.
まったく同意しない	同意しない	あまり同意しない	どちらともいえない	ほんの少し同意する	同意する	強く同意する

① 私は、計画を立てたときはそれをしっかり実行できるようフォローする _____
② 私は通常、最初の方法でうまくいかなければ、別の方法で対応する _____
③ 私は、他人よりも自分自身を信じることができる(頼りにできる) _____
④ 私は、ものごとに関心をもち続けることが大事だと思っている _____
⑤ 私は、一人でものごとに対処しなければならない状況でも対応できる _____
⑥ 私は、これまでの人生で成し遂げたことに誇りを感じる _____
⑦ 私は、ものごとは簡単に成し遂げられるものだとふだん考えている _____
⑧ 私は、自分自身のことが好きである _____
⑨ 私は、一度にたくさんのことに対処できると感じている _____
⑩ 私は、信念が強いほうだ _____
⑪ 私は、ものごとについて過度に悩むことはほとんどない _____
⑫ 私は、ものごとを一日で一度に片づけてしまうことがある _____
⑬ 私は困難に直面した経験があるので、困難を乗り越えることができる _____
⑭ 私は、自分で決めたことはやりぬくことができる _____
⑮ 私は、ものごとへの関心を持続できる _____
⑯ 私は、たいていの出来事に対して、笑えるような点をみつけ出せる _____
⑰ 私は、私自身への信念の力によって困難を乗り越えることができる _____
⑱ 私は、緊急事態の際に頼りにされる _____
⑲ 私はふだん、状況をさまざまな角度から見ている _____
⑳ 私は時々、自分がやりたいかにかかわらずものごとを行なっている _____
㉑ 私は、自分の人生には意味があると思う _____
㉒ 私は、自分の力が及ばないことについては、くよくよ悩まない _____
㉓ 私は、困難な状況に陥っても、たいてい自分で解決策をみつけられる _____
㉔ 私には、なすべきことをするのに十分なエネルギーがある _____
㉕ 私を嫌いな人間がいたとしても気にならない _____

◆調査対象の年齢や職業により違いは見られるますが、平均点は140点
◆点数が高いほど抑うつ傾向度が低く、人生満足度、モチベーションが高いという相関関係が見られます

出所：Gail M.Wagnild, Heather M.Young,1993（Development and Psychometric Evaluation of the Resilience Scale）

第4章
Optimism
［楽観性を育む］

1 楽観主義と悲観主義

「悲観主義者の特徴は、悪いことは長く続き、自分は何をやってもうまくいかず、それは自分が悪いからだと思い込む。不幸は自分の責任であり、自分は何をしてもうまくいかないと常に信じている人は、そうは思っていない人よりもさらに不運に見舞われることが多い。楽観主義者は、同じような不運に見舞われても正反対の見方をする。悪いことは一時的でその原因もこの場合のみに限られていると考え、挫折は自分のせいではなく、そのときの状況や不運など、ほかの人々がもたらしたものだと信じている。そして敗北にもめげず、試練だと考え、もっと努力するようになる」「その結果、悲観主義者のほうがあきらめが早く、うつ状態に陥りやすいことが証明されている。また、楽観主義者のほうが学業、職場、スポーツにおいてよい成績をあげ、選挙に出れば、悲観主義者より当選確率も高い。健康面も良好で、上手に年をとり、成人病にかかる率もかなり低く、平均よりも長生きに結びつく」

「不運の連鎖」が起きる人

これは、ポジティブ心理学の父マーティン・セリグマン博士が『オプティミストはなぜ成功するか』で記している、楽観主義者と悲観主義者の特徴です。確かに、セリグマン博士の言葉のように、「不運の連鎖」が起こっているとしか思えない人を見かけます。たとえば、「今朝、駅の階段を上がっていたら、後ろから知らない人に傘でつつかれたの。信じられない、もう、なんでこんな目にあうのかしら私」「ハンバーガーを買ったら髪の毛が入っていたの。なんでいつも私ば

っかり嫌な目にあうんだろう」などと、いつも文句ばかりを言っている「文句な人たち」がいます。このようなことがいつも自分に起きていたら、筆者も不満を口にしますが、そのようなことは起こりません。彼らはなぜか文句に彩られた人生を送っているようです。

このような悲観的な思考や態度は精神的健康に対して否定的な影響を与えるとされており、長期間のネガティブ感情がうつ状態を引き起こすきっかけになる可能性が指摘されています。一方、楽観主義は抑うつに陥る予防策として有効であり、精神的健康を促進させるという見解も出されています。

必要なのは両者のバランス

しかし、楽観主義がすべてにおいてポジティブな現実をつくり出し良いことずくめで、悲観主義がネガティブ思考を刺激しすべて悪いことなのかというと、そんなことはありません。ネガティブ感情と悲観主義は密接な関係にありますが、人間が将来に対して悲観主義的思考をもっていたから、すなわちネガティブ感情あるいは悲観的なもののとらえ方をしていたからこそ、現在まで生き延びることができているのだといえます。

あらゆる大災害や気候の変動、大飢饉や疫病、感染症の蔓延などは、いつ起こるかわかりません。そのような脅威に対して悲観的に考え備えることによっていまが存在しています。人間のネガティブ感情が長く尾を引いて心の中に残りやすいという特性は、生き残りをかけた祖先の叡智の賜物なのかもしれません。常に楽観主義的なとらえ方をしていたならば、人類はとっくの昔に絶滅していたことでしょう。

また、身近な例に目を向けてみると、現在の企業や組織には楽観主義者が高いパフォーマンスを出せる職種と悲観主義者が高いパフォーマンスを出せる職種があることがわかります。企画開発や研究、創造、営業セールスなどにおいては夢を追い続ける楽観性が必要とさ

れ、経理や会計、財務担当、安全衛生管理、危機管理に関してはその会社の資金面の体力や将来に対する危険性について冷静な悲観的考察がなければ健全な経営はのぞめません。

　企業が成功していくためには、楽観主義者と悲観主義者の両者がバランスよく配置されることが求められるのです。ただし、ここでいう悲観主義者とは、ネガティブ感情のスパイラルに巻き込まれてうつ状態になったり健康を害することはなく、自分のなかの悲観主義をうまく職業に活かせる職業的悲観主義者であることに留意が必要です。

2 楽観的見方と悲観的とらえ方の落差

　私たちは自分に生じた出来事の原因や影響を、自分のなかでどのように解釈しているのでしょうか。

解釈の仕方に生じる落差
　悪い出来事が起きたときには、楽観的な人は、原因は外的要因で一時的なものでたまたまだという限定的解釈をします。悲観的な人は、原因は内的、つまり自分に問題があり、だからこの先も続き、きっともっと悪くなるだろうと拡大的解釈をします。一方、良い出来事が起きたときは、楽観的な人は、原因は自分がすぐれているという内的要因にあるので永続的で普遍的なものだと解釈し、悲観的な人は、良い出来事は外的要因だから一時的で限定的なものと解釈します。このように楽観主義と悲観主義では、ものごとに対する解釈の仕方（説明スタイル）が異なります（**図表4-1**）。

　たとえば健康診断の結果、再検査となったとします。悪い出来事に対し楽観的な人と悲観的な人とでは、どのような対応の違いが生じる

図表4-1　楽観主義者と悲観主義者の説明スタイル

[悪い出来事]
楽観主義	外的	一時的	限定的
悲観主義	内的	永続的	普遍的

[良い出来事]
楽観主義	内的	永続的	普遍的
悲観主義	外的	一時的	限定的

のでしょうか。

【楽観的な人のストーリー】

「おーっと、肝機能再検査か〜。健康診断の前日は禁酒したんだけどな〜。日頃飲みすぎだし、一日ぐらいの禁酒じゃダメだったのかなぁ。ま、再検査のときは2日前から禁酒しよう！ しかし待てよ、健康診断って日頃の生活習慣でどれほど健康かを調べる検査だよな。そうすると急に生活態度を変えちゃいかんな。よし、気にせずいつものようにしておこう。きっと前の健康診断のときは、たまたま調子が悪かったとか、たまたま身体の一部がおかしかっただけだろうから、再検査はきっと大丈夫だろうな。だって、いつも調子いいし、元気だしね。とりあえず再検査行っときますわ」

そして、周りにいる同僚に「おい、お前、健康診断どうだった？ 僕、再検査なんだって、めんどくせぇ〜」と明るく言ったりします。

【悲観的な人のストーリー】

「肝機能再検査か…。健康診断の前日は禁酒したんだけどなぁ。日頃飲みすぎはわかっているんだけど、仕事の接待で仕方ないんだ。肝機能ってどんな病気があるんだろう？ 肝臓って沈黙の臓器っていわれてて、痛みを感じなくて、何かあったときにはもう手遅れってよく聞く話だよな。ヤバイかも。仕事のつき合いだからといつもお酒を断われない自分が悪いんだよな。でもこれからもこの仕事だと接待はずっと続くし、断わるなんてできないしなぁ、困ったなぁ。このままだと、きっと肝硬変とかになってしまうんだろうか。いや、再検査だしもうなってるのかもしれない。そういえば、最近なんとなく疲れやすいし、たまに胃が痛かったりすることがあったな。何か関係があるのだろうか。なんだか急にまた胃が痛くなってきた。再検査前に一度病院で検査したほうがいいのかもしれない」と、気分は落ち込み、周りに知られないように健康診断結果表をそっとしまい込んだりします。

良いことも、とらえ方で大きく異なる

次は、良いことに対する反応を、昇格試験受験条件のTOEIC700点以上という条件をクリアしたときを例にみてみましょう。

【楽観的ストーリー】

「やった！ ようやく700点に到達できたわ。ここ3ヵ月は集中して毎日頑張ってきたから。私ってやればできるんだわ。ずっと500点台で無理かなと思っていたけど、頑張った自分をほめてあげたいわ。今日はお祝いね！ これで昇格試験の受験条件もクリアできたし、運も私に味方してくれて、あとはこの勢いできっとうまくいくはず。できないと思っていたことが達成できたんだから、きっと昇格試験にもパスするわ！ もう一息、気合いを入れて頑張りましょう！」と気分は上昇し、ますます元気になっていきます。

【悲観的ストーリー】

「700点突破できた！ 嬉しい。ここ3ヵ月は集中して毎日頑張ってきたからだろうか？ でもTOEICって確か換算点だよね。あまり手ごたえは感じなかったし、今回の問題がたまたま自分がわかるところが出たからだろうか。これまでずっと500点台だったのに、そんなに急に実力がつくわけないな。やっぱ、たまたまかもしれない。でも一応、昇格試験の受験条件にはパスできたから、それはそれでよかったけど、こんなたまたまが続くわけじゃないから、今後の昇格試験は、もっともっと頑張らないとパスできないだろうな。周りの人たちは私以上に努力しているに違いないな。TOEIC700点とれたことで、私の運はもう使い果たしたのだろうか。先が見えないな」と良い点をとったにもかかわらず、気分は落ち込み悶々と悩み始めたりします。

このような事例からも想像できるように、悲観的なもののとらえ方を続けているとどうしても健康面での不調に陥りやすくなります。

楽観主義のほうが自己効力感が高い

　ポジティブ心理学の研究では、楽観主義者のほうが悲観主義者より仕事、学業、スポーツ、政治などあらゆる分野で成功するといわれています。それは、人のもつ楽観性が人生における困難や問題に直面したときにも、自己効力感を高く維持することができ、ユーモアや希望を失わずに新たな目標を見出し、それに向かって前向きに進むことができるからです。この楽観性は、第3章のレジリエンスにも重要な影響を与える心の力です。

　また、楽観主義の恩恵としては、健康を維持できることもあげられます。明るい未来を自分のなかで構築していけると信じられる力は、ストレスや不安を軽減してくれます。

　そんな良いことずくめの楽観性は、普遍的なもの、生まれもった性質と思われがちですが、身につけることができるのです。以下では、悲観主義を楽観主義に変えていく方法を説明していきます。

3 自分のなかの楽観性を育てる

悲観性はどのようにして形成されるのか

　自己効力感を研究発展させたアルバート・バンデューラ博士の有名な研究に「ボボドール実験」があります。子どもを2つのグループに分け、一方の子どもたちには、部屋のなかで一人の大人が風船のように膨らませた「ボボ人形」に乱暴しているのを見せる。もう一方の子どもたちには、大人が人形で遊んでいるのを見せる。その後、各グループの子どもたちを一人ずつ、ボボ人形のおいてある「おもちゃ部屋」に入れ、その様子を撮影したところ、人形に乱暴している様子を見せられた子どもたちは、そうでない子どもたちと比較して、目に見えて攻撃的だった。この結果から、子どもは明らかな強化を与えなくてもモデルの行動を自発的に模倣することがわかった、という子どもに対するモデリングの実験です。ここから、「子どもは大人のまねをする」ことが導き出されます。

　悲観性が培われていく一つの要素に幼児期の母親の影響があげられます。母親が悲観的な口癖の持ち主だとすると、必然的に幼少の頃にその悲観的な口癖が「モデリング」として植えつけられます。成長するに従い、学校教育の場での教師の影響も考えられます。ほかの生徒との比較など（いわゆる、えこ贔屓）によって自身の有能感を否定されることでも、悲観性は形成されます。また、その後の成長において、親子関係や友人関係のこじれ、いじめなどによる孤独感、大切な人との死別といった喪失感などを経験することでも、悲観性は増幅される可能性があります。

大人になってからも、うつの原因ともいわれている脳内伝達物質セロトニン（ノルアドレナリンやドーパミンの暴走を抑え、心のバランスを整える作用のある脳内物質）が枯渇することで、ものごとを悲観的にとらえてしまう傾向に傾くことは十分起こりえます。

　映画俳優のマイケル・J・フォックスは、『バック・トゥ・ザ・フューチャー』シリーズでスターダムに駆け上がりましたが、30歳の若さでパーキンソン病と診断されます。体が震えるなどの症状で次第に演技も困難になり、2000年には俳優を引退。しかし逆境に屈することなく、自ら「僕は救いがたく楽天的なんだ」と常に明るさを失わず闘病を続け、徐々に俳優活動を再開。2013年に『マイケル・J・フォックス・ショウ』で完全復帰するに至りました。まさに楽観性がレジリエンスを高めることに成功した事例です。

　このように楽観性の高い人は、困難や逆境に対して早期に打ち勝つ力が高いといえるでしょう。エレーヌ・フォックス教授（オックスフォード大学の心理学者であり神経科学者）は「性格は遺伝子だけで決まるわけではない。前向きな環境を経験すれば、感情をコントロールできて逆境にへこたれない性格を育める」と述べています。

楽観性を育むには

　楽観性を育てる一つの方法としてマーティン・セリグマン博士は「反論法」を紹介しています。

　反論法とは、アルバート・エリス（臨床心理学者）の開発した認知療法のABCモデル（「困った状況」Adversityが起こると、それについてすぐに習慣づけられた「思い込み」Beliefを固まらせ、この思い込みから「結果」Consequenceが生まれるという感情のプロセス）を使って、その結果に反論するやり方です（第3章第3項参照）。

　悲観主義者は、困った出来事があると不安な感情にとらわれやすく、長い時間、心配が持続する傾向にあり、明るい未来を想像するこ

とができにくい状態におかれます。そしてそこから「あきらめ」が結果として生まれてきます。この悲観主義的悪循環を断ち切り、未来に明るい希望をもつことができれば、楽観性を育むことにつなげられます。そこでまず、ABCがどのように作用するかを理解し、そのうえで、「結果に対する反論を経て自分自身を元気づける」過程をみていきます。たとえば、

A（困った状況）：半年かけて完成させたシステムプログラムの発表プレゼンテーションをしたところ、部長、課長から良いところはほめられず、足りないところばかりを指摘された。

B（思い込み）：やはりまだまだ足りないところがたくさんあるんだ。精一杯やってきたつもりだったけど、自分には完璧なプログラムをつくることなんて無理なんだ。ほかの人ならきっと、ほめられるプログラムをつくれたはずだ。この仕事は向いていないのかもしれない。

C（結果）：自分は無能で期待されていない。職場にいることさえ苦痛に思えてきた。

この結果に対して反論をしてみます。

「確かに足りないところはあるかもしれないが、完璧なプログラムはだれにだってむずかしい。ほめられはしなかったが、悪いということもなかった。足りないところの指摘はある意味、それができれば完璧になるということだ。それに、部長も課長もどちらかといえば、重箱つつきタイプだから、あの程度の指摘は普通かもしれない。特に自分だけが無能で期待されていないわけではない」

この反論から、以下の元気づけができます。

「特にひどく非難されたわけではない。少し自信が湧いてきた。指摘された足りないところをもう一度、再考してみよう。何か良いアイデアがあるかもしれない。わからなければ課長に相談してみよう」

このように、まずはABCの状況をしっかりと観察して自分の内面と向き合い、悲観的な結果に対する反論を繰り返します。悲観主義的悪循環を断ち切り、自分自身を元気づけることで、未来に対して少しずつ楽観的に考えられるようになります。日常生活においても、ネガティブな結果にとらわれそうになったときにこの反論法を意識的に行なえば、別の結果を引き出すこともできるでしょう。

「心配の時間」に集約させて心配する

　また、多くのものごとに対して心配がちという場合には、一日の特定の時間を「心配する時間」と自分で決めて、その時間は心配することだけに費やすようにします。たとえば毎日、21時から30分間は「心配時間」として、そこで一日の心配事を考えるようにし、それ以外の時間帯で心配事が頭をよぎったら、この時間帯まで心配することを延期するよう自分に言いきかせます。心配する時間を集約することで、常につきまとう悲観的な感情を放出することができます。

　なお、セリグマン博士は『オプティミストはなぜ成功するか』の最後に、楽観主義には長所も短所もあり、時と場合によって楽観主義より悲観主義が有効な場合があるとして、楽観主義の恩恵は無限ではないと言いきっています。そしてやみくもな楽観主義でなく、しっかりと目を見開いた「柔軟な楽観主義」から限りない恩恵を受けることを信じていると結んでいます。

　そんな楽観・悲観の二極性の研究を続けてきたポジティブ心理学に対して挑戦状をたたきつけてきたのが、ジュリー・K・ノレムの「防衛的悲観主義」です。次項では防衛的悲観主義について説明していきます。

4 日本人に多い防衛的悲観主義

人は楽観・悲観の二極面のみで分けられるのか？

　ポジティブ心理学が一般に知られるようになり、楽観性と悲観性が個人の適応力をとらえるうえで有用な概念のひとつとして注目を集め始めると、多くの研究から楽観主義者のポジティブ思考は適応的であり、悲観主義者のネガティブ思考は不適応を起こしやすいことが示されました。これに対して、人は楽観・悲観の二極面のみで分けられるものなのか、悲観的なものの見方をしていても大きな成功を成し遂げていく人はいると疑問を提起したのが、ジュリー・K・ノレム教授（ウェルズリー大学、心理学者）です。ノレム教授は、ポジティブ心理学を圧倒的で巨大な思想であり、単なる"ポジティブシンキング"ではなく、多くの意味を含むメッセージを発信しているととらえたうえで、ポジティブ思考のみが成功し、ネガティブ思考は成功できない傾向にあるという、それまでの楽観主義と悲観主義の研究に言及し、ネガティブ思考でも成功するという新しい概念を防衛的悲観主義（DP；Defensive Pessimism）と定義づけました。
　ノレム教授は『ネガティブだからうまくいく』のなかで、「ポジティブ心理学」に対する挑戦めいた言葉を綴っています。
　「ネガティブ思考の利点を主張しているのは、ポジティブ思考こそ唯一の美徳という考えに反対だからだ。ポジティブ心理学の目標（自分の最大の可能性に気づくということ）そのものに反対しているわけではない。DP（防衛的悲観主義者）が目標を達成させるとき、"ネガティブ"思考は、まさに、"ポジティブ"心理学になるのである」

入念な準備が高い成果をもたらす

　防衛的悲観主義の人々は、過去に試験やプレゼンテーション、スポーツ競技などの課題達成で成功しているにもかかわらず、未来の同様の課題遂行に対して悲観的になることから、これから遭遇する遂行場面で起こりうるすべての可能性について、失敗するかもしれないと考えを広くめぐらして入念に準備をし、その結果、高い成果を導くことのできる、適応的な悲観主義者と特徴づけられています。

　メジャーリーガーのイチロー選手の、「準備というのは、言い訳の材料となりうるものを排除していく、そのために考えうるすべてのことをこなしていくこと」という発言が、それをよくあらわしています。

　この防衛的悲観主義については日本でも大学や教育機関や看護の場などで数々の研究が盛んに行なわれています。それは、日本人にはこの防衛的悲観主義がもっとも多いと推察されるからだと思われます。ノレム教授自身も、日本人を「謙遜しがちなDPなアジア人」と認識しているようです。

　筆者は現在、女性ギター＆ヴォーカルのアマチュアバンドとして月１～２回、ライブハウスで演奏していますが、ギターの相方がまさにこのDPなのです。彼女はライブ前になると「あ～失敗したらどうしよう」「ここでうまくピッキングできない」「リズムが…」「緊張するわ～」など、自分にはできないかもしれない、下手なんだとセルフイメージが下がり、周りの者の感情までネガティブオーラに巻き込んでいきます。しかしながら本番になると意外と落ち着いていて練習の成果を発揮し、終わった後には達成感もあるようです。毎回、この繰り返しで、そのたびに彼女は必死で練習に励みます。そのため演奏技術は高く、周りからも「ギター、うまいね」とほめられるほどで、彼女の悲観性が技術の向上につながっていることは間違いありません。

図表4-2はDP度テストです。自身のDP度を算出してみてください。

図表4-2　DP度テスト

あなたがベストを尽くしたいと思う状況を思い浮かべます。仕事、交友関係など、どのようなことでも構いません。そして目標を設定してください（たとえば「3ヵ月後に売上げを達成する」「そりの合わない上司ともコミュニケーションをとる」「1年後には結婚する」など）。その目標を達成するために、あなたはどのような行動をとりますか。次の各問に自分がどの程度あてはまるか、以下の7段階で答えてください。

1.	2.	3.	4.	5.	6.	7.
まったくあてはまらない	ほとんどあてはまらない	あまりあてはまらない	ある程度あてはまる	おおよそあてはまる	あてはまる	とてもよくあてはまる

① 私は、たぶんうまくいくと思っていても、まずは最悪の事態を予測することが多い ＿＿＿
② 私は、結果がどうなるか心配してしまう ＿＿＿
③ 私は、ありそうな結果を「すべて」じっくり考える ＿＿＿
④ 私は、思ったとおりにいかないのではないかと、よく不安になる ＿＿＿
⑤ 私は、失敗しそうなことを想像するのに時間をかける ＿＿＿
⑥ 私は、ものごとが悪いほうへ向かったときの気持ちを想像する ＿＿＿
⑦ 私は、もし失敗したらそれをどうカバーするか思い描くようにしている ＿＿＿
⑧ 私は、そのような状況でも、自信過剰にならないように気をつけている ＿＿＿
⑨ 私は、そのような状況がせまっているときこそ、プランニングに時間をかける ＿＿＿
⑩ 私は、成功したときの気持ちを想像する ＿＿＿
⑪ 私は、そのような状況では、華々しく成功することより、ばかみたいに見えるかもしれないと心配することがある ＿＿＿
⑫ 私は、失敗しそうなことについてよく考えることで、万全の準備ができる ＿＿＿

①〜⑫の合計　＿＿＿点

出所：J.K.Norem, 2002

すべてのスコアを足すと、12点から84点のいずれかになります。スコアが高いほど、DP度が高くなります。スコアが50点以上なら、立派なDPな人、30点未満なら方略的楽観主義な人（方略的楽観主義については、次項参照）、30点以上50点未満なら、両方の心理を使っているかもしれません。なおこのスコアは質問に答えるときに思い浮かべる状況によって変化します。

5 楽観主義、悲観主義の4つのタイプ

　ものごとに対するとらえ方は、「過去のパフォーマンスに対する経験」と「将来のパフォーマンスに対する期待」のマトリックスで分類すると、大きく4つのパターンに分けられます（**図表4-3**）。

　【DP；防衛的悲観主義】Defensive Pessimism
　過去のパフォーマンスにおいてポジティブな経験をしているが、将来のパフォーマンスに対する成功の見込みが低い。

　【SO；方略的楽観主義】Strategic Optimism
　過去のパフォーマンスにおいてポジティブな経験をしていて、将来のパフォーマンスに対する成功の期待値も高い。

図表4-3　楽観主義者と悲観主義者の4つのタイプ

	将来のパフォーマンスに対する期待 低い	将来のパフォーマンスに対する期待 高い
過去のパフォーマンスに対する経験（ポジティブ）	過去の経験をポジティブにとらえている ＋ 将来への期待が低い **DP防衛的悲観主義**	過去の経験をポジティブにとらえている ＋ 将来への期待が高い **SO方略的楽観主義**
過去のパフォーマンスに対する経験（ネガティブ）	過去の経験をネガティブにとらえている ＋ 将来への期待が低い **RP一般的悲観主義**	過去の経験をネガティブにとらえている ＋ 将来への期待が高い **UO非現実的楽観主義**

出所：今村一二美、井上健「対処的悲観者に対する印象形成と対人関係について」（『臨床教育心理学研究』34号、2008年）

【UO：非現実的楽観主義】Unrealistic Optimism

過去のパフォーマンスにおいてネガティブな経験をしているが、将来のパフォーマンスに対しては期待値が高い。

【RP：一般的悲観主義】Real Pessimism

過去のパフォーマンスにおいてネガティブな経験をしていて、将来のパフォーマンスに対してネガティブな結果を予測する。

防衛的悲観主義と方略的楽観主義にみる「気晴らし」

前述のとおり、日本では近年、DP（防衛的悲観主義）に関する研究が盛んに行なわれています。とりわけDPとSO（方略的楽観主義）の比較研究に力が注がれています。欧米人に比べると不安を感じやすく、悲観性の高いアジア人のほうがDP、SO研究に適していることから検討意義が高まっていると考えられます。この比較研究のなかに、SOとDPでは、「気晴らし」についてかなり異なる研究結果があるので紹介します。

「気晴らし」はふだんからよく使う、なじみのある言葉で、「不快な気分を調整するためにほかのことを考えたり、何かほかの活動に従事したりなど、問題から注意をそらすこと」と定義されています。不安な気分を軽くするためのリラックス法などがあり（第3章P70〜72参照）、最近は抑うつ気分への介入に効果があるとして臨床の場での関心が高まっています。

SOの人は、将来に対する期待が高く、過去の成功体験から、きっとまたうまくいくという信念が強くあるため、次の課題に対して考えがまとまらなかったり、自分のなかでネガティブ感情や不安な気持ちがあらわれたりしたときは、「まったく別のことをする」「リラックスして音楽を聴く」「運動する」「別の課題に取り組んでみる」など、いったん現行の課題から離れ、気晴らしを行なうとそれに没頭できるので、一時的にいまの課題を頭からはずすことができます。すると、結

果としてリフレッシュできるので不安が軽減され、成功への見込みが高まり課題達成につながります。大切なプレゼンテーション前に気晴らしをすることはポジティブ思考を刺激し有効とされています。

　一方、DPの人は、将来への期待が低く、次の課題に対して常に高いネガティブ感情があり不安な状態におかれているため、リラックスすることや別の課題に取り組むなどの気晴らしには集中できず、しかも成功への見込みがどんどん低くなるため、気晴らしは有効とはいえません。大切なプレゼンテーション前の気晴らしは逆効果とされています。

「ノレムのダーツ実験」にみる不安の軽減

　SOとDPの比較研究では、「ノレムのダーツ実験」もよく知られています。

　「ノレムのダーツ実験」とは、ダーツ投げの初心者を集めた試合の前に、SOとDPの人を無作為に振り分け、一つのグループには、リラックスできるような音楽（天気のよい穏やかな海を想像するような気持ちの良いリラクゼーション音楽）を聞かせます。もう一方のグループには、これからやろうとすることをすべて想像し、どんなミスが起きるかを考え、起きたミスをどうやってリカバリーするのかを想像させるイメージトレーニングをします。

　その結果、SOの人たちは、ミスを起こすなどのネガティブな想像をする場合より、リラクゼーション音楽、すなわち気晴らしをしたほうが成績が良かったものの、DPの人たちは、リラクゼーション音楽という気晴らしは効果がなく、ミスをするというネガティブな想像からリカバリーするイメージトレーニングをしたほうが、良い成績を出しました。

　このことから、DPの人たちにとっては、不安から逃げない勇気がものごとを達成する自信につながり、逆に楽観的思考、ポジティブ思

考、気晴らしなどは不安を軽減させるわけではないことがわかりました。言い換えれば、不安への対処法は人それぞれで異なることがこの実験で証明されました。

　将来の課題に対してネガティブ感情や不安を抱いている場合には、SOの人にとっては気晴らしやポジティブ感情を増やすこと、励ましなどの元気づけは成績を上げることにつながり効果的ですが、DPの人には、それらはどれも効果はなく、それによってポジティブな気分になれることはあっても、成績はネガティブ気分のときよりも悪い結果になってしまうのです。

　なお、日本人に多いDPはなんとも複雑な精神構造になっていて、何らかの課題を遂行するにあたっては、DPでもSOでも課題の成果に差はみられず、同じように成功しています。DPの人は、「自分は楽観的になると油断してしまうから、悲観的なほうが努力を怠らない」と、自分は悲観主義だからうまくいっていると信じているのかもしれません。

　方略的楽観主義と防衛的悲観主義を人生のいろいろな場面で使い分けることのできる柔軟な姿勢を手に入れたいものです。

楽観性アセスメント

次の各問に自分がどの程度同意するか、以下の5段階から自分の感覚にもっともよくあてはまる数字を選んでください。

1.	2.	3.	4.	5.
まったく 同意しない	あまり 同意しない	やや同意する	同意する	強く同意する

① 私は、先行き不透明なときでも、いつも最善のことが起きると期待している ＿＿＿

② 私は簡単にリラックスできる ＿＿＿

③ 何か私にとってうまくいかなくなる可能性があれば、それはきっと私にふりかかってくるものだ ＿＿＿

④ 私は、自分の将来についていつも楽観的である ＿＿＿

⑤ 私は、友人と良好な関係を築いている ＿＿＿

⑥ 忙しくしていることは、私にとって大切である ＿＿＿

⑦ 私は、ものごとが思いどおりにいくとは、ほとんど期待していない ＿＿＿

⑧ 私は、そう簡単に取り乱さない ＿＿＿

⑨ 私に良いことが起きるとは、めったに思わない ＿＿＿

⑩ 概して、私には悪いことよりも良いことのほうが多く起こることを期待している ＿＿＿

(1) ①、④、⑩の合計　　　　　　　　　　　　　　　＿＿＿点
(2) ③、⑦、⑨（逆転項目）の合計　　　　　　　　　＿＿＿点
　　逆転項目とは、最高値5からそれぞれの回答点を引いた点数。たとえば回答が1なら、5－1で4点となる
◆3～27点の範囲で上記(1)＋(2)が高いほど、楽観性が高いと考えられます

出所：Scheier *et al.*, 1994（Life Orientation Test-Revised；改訂版楽観性尺度）

第5章
Well-Being
［幸福を実感する］

1 幸福感、充実感の追求

メンタル・タフネスとウェルビーイング

　Well-being（ウェルビーイング）という言葉は、人生における幸福感や満足感、充実感という広い範囲の意味に用いられています。単にHappy（幸福、幸せ）をあらわすのではなく、人々が生きていくうえで欠かせない、人との関係性や社会とのつながりなどから生まれてくる「よりよい感情でいる状態」「ハッピーな状態でいるいまのこと」「楽しい気分ですごしている時間」「ごきげんな状態」ともいえます。日本語にはうまくあてはまる言葉がないため、日本の研究者たちの間でも、「Well-being」とそのまま用いられるケースが少なくありません。

　ところで、繰り返しになりますがメンタル・タフネスとは、達成や成功に向けた心の力強さのことで、失敗してもくじけない、障害や逆境にも負けることなく、心が折れることなく、目標に向けて努力継続していく精神的な強さです。健康状態が好調なときは、気分がよく、なんでもできそうに感じたり、ちょっと苦しくても頑張れるなど、ポジティブな行動につなげられます。

　みなさんの周りにいる「タフ」な人は、一般的な人より、ごきげん（気持ちよい気分）でいられる可能性が高いと思われますが、心身ともによりよい状態でいること、すなわちウェルビーイングが高ければ高いほど、ものごとのとらえ方がポジティブであったり、障害を軽々と乗り越えていける精神的な強さを保っているといえます。たとえば、常に睡眠不足の人より、よりよい睡眠をとっている人のほうが、多少の無理がきいたり、努力できる余裕があります。

このように、ウェルビーイングはメンタル・タフネスと切っても切り離せない相互関係にあるのです。

「幸福とは何か」を追求する2つの潮流

人はいつの世も幸福について考えてきました。現在のウェルビーイング研究の潮流は古代ギリシャの哲学にまでさかのぼることができます。

一つはソクラテスの弟子アリスティッポスが唱えたヘドニズム（快楽主義）です。快楽主義は「苦労を否とし、ただ快楽を求めることこそが人にとっての幸せ」と思われがちですが、アリスティッポスは「現にないものの快楽を渇望してそれを追い求めるということはしなかった」と伝えられています。「むやみに快楽を追求する」「何時も快楽を追求する」「強く快楽を追求する」といった、快楽におぼれてしまうことがよいとされたわけではなく、むしろ快楽におぼれて、そこから出てこられなくなることの危険を知らしめたものでもありました。

アリスティッポスの言葉に「快楽を控えることにあらず、快楽に勝ちて負けぬのが最上なり」があります。一方で、いま目の前にあるもの（欲望を満たすための物や金銭など）を使って満足感を得ることで、ポジティブ感情を高め、ネガティブ感情が低い状態が人にとっての幸福であるとも示しています。そして「良い人、良い人生」とは快楽を追求しつつ、そこに最大限の喜びを経験することだと唱えました。すなわち、苦痛の存在は不要で身体的、精神的快楽の存在こそが幸福な状態であるという考え方です。

その後、幸福の追求の潮流のなかであらわれてきたのが、ユーダイモニズムです。プラトンの弟子のアリストテレスは「幸福とは人生における意味、目標、そして人間存在の究極の終着点である」と唱え、先のヘドニック（快楽的）な幸せは「真の幸せにあらず」、真の幸福

とは「人間の心の内面にある」とし、「徳のある人生を生きること、社会のなかで良好な人間関係を築き、自己実現へ向けてのプロセスのなかにある意味や目的を追求し、よりよい社会に暮らすための価値ある行為をする」ことが、人としての幸福だと提唱しました。自己成長における人の可能性の拡大と内面の充実を追求する考え方です。

このように、幸福の哲学には大きな二大潮流が存在します。ただし、ヘドニズムとユーダイモニズムは、お互いに相容れないものではありません。現代に至る幸福の研究では、この2つの大きな考え方の側面を相互にとらえる必要があるとされています。

アリストテレスのユーダイモニズムはその後、多くの哲学者や思想家によって発展していきました。なかでも、人間の欲求を5段階の階層で理論化したアブラハム・マズローや、現在の日本の産業カウンセリングの基礎である来談者中心療法などを構築したカール・ロジャースらは人間性心理学者と呼ばれ、主体性・創造性・自己実現といった人間の肯定的側面を強調しました。

「ポジティブ心理学」という言葉を最初に使用したのは、マズローだといわれています。しかしながらその後の人間性心理学者たちは、「科学的手法は複雑な人間を理解するには適切ではない」として、より質的なものを求めるようになり、科学的な枠組みを尊重することが主流のポジティブ心理学とは区別されています。そして現在ではクオリティーオブライフ（人生の質）やウェルビーイング（よりよい人生）の研究が社会、政治、経済学などあらゆる分野で進められています。

2 所得水準と幸福度

　個人の感情や満足度（主観的幸福）を考えたとき、時代のなかで変化する価値観によって、「幸福とは何か」は異なるものとなります。近年では、生活の便利さや物質的な豊かさ、あるいは家電における三種の神器といわれたテレビ、洗濯機、冷蔵庫があげられますが、いまや個人が自分に合った三種の神器を個別に選べる時代です。だからといって、人生の質や幸福度は上がったのでしょうか。言い換えれば、物がなかった頃の人々の幸福度は低かったのでしょうか。

収入と幸福度は必ずしも比例しない

　ウェルビーイングを個人的な問題とするのでなく、社会的な広がりを踏まえて考えるには、国民総幸福量（Gross National Happiness；GNH。ここで使われている幸福度はウェルビーイングとほぼ同じ意味）という概念が参考になります。国民総幸福量は、ブータンのジグメ・シンゲ・ワンチュク国王が1972年に提唱した、「国民全体の幸福度」を示す尺度です。数値化が進められている幸福の分野には、「基本的な生活」「文化の多様性」「感情の豊かさ」「健康」「教育」「時間の使い方」「自然環境」「コミュニティの活力」「良い統治」などの項目が含まれています。経済指標である国民総生産などで示される金銭的、物質的豊かさではなく、精神的な豊かさ、幸福をめざすべきだとするもので、現代人にある種の重要な問いを投げかけます。

　ブータンの国民総生産はけっして高い水準ではありませんが、ほとんどの国民が「幸福である」と答えています。ただ今日、収入と幸福度は比例するという傾向にあることは否めません。1人当たり所得水

準が低い状況にあるときには、収入が上がれば幸福度（満足度）も上昇します。

その一方で、生活上の基本的ニーズが満たされれば、1人当たりの所得水準が上昇しても幸福度は増加しないという研究結果（イースターリン・パラドックスといわれます）もあります。心理学・行動経済学者で、ノーベル経済学賞を受賞したダニエル・カーネマン博士は、「平均的なアメリカ人の場合、年収6万ドルまでの収入は幸福度と比例して上昇するが、6万ドル以上の収入と幸福度は比例しない」と発表しています（その後の調査では7万5000ドルに修正）。すなわち、ある程度の収入は人を幸せにしますが、あるポイントを超えると、収入が増加しても幸福度は上昇しないということになります。

さらに、所得が日本の半分以下のアルゼンチンやブラジルなど南米では幸福度が高いことから、収入と幸福度は比例しないことがわかっています。

それでは、日本人はどうなのでしょうか。**図表5-1**のとおり、1人当たりのGDP（国内総生産）は年々増加していますが、満足度（幸

図表5-1　日本人の所得と生活満足度

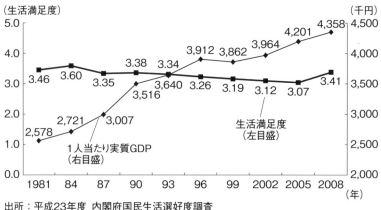

出所：平成23年度　内閣府国民生活選好度調査

福度）としては横ばい状態が続いています。また、1981年の平均収入は現在の約半分程度にもかかわらず、満足度は現在より高くなっています。この現象から、いまは平均収入の上昇をうまく幸福度に転換できていない状態にあることがわかります。

幸福感は個人ごとに異なる

　2013年度の国連「ワールド・ハピネス・レポート」では、幸福度1位はデンマーク、2位ノルウェー、3位スイス、4位オランダ、5位スウェーデンで、日本は43位でした。アメリカは17位です。国連からの依頼でブータンの幸福について調査を行なっているイローナ・ボニウェル博士は、1位のデンマーク国民の幸福度が高い理由を次のように分析しています。

　高い税金を課せられているデンマークは、その分、高社会福祉国家として手厚い支援が充実しており、失業や老後の生活への不安感が低いということがあげられます。また、ふだんの市民生活においては、ほとんどの人が趣味のサークル活動に参加しており、趣味を通じての人との交流と関係性を大切にしています。ボランティア活動やセルフヘルプグループ活動（アルコール依存など、専門家の介入なしで当事者同士が集まってお互いの体験談などを自由に語り、助けあう活動）にも精力的に参加することが個人的な幸福の向上につながっているのだと。

　また、平均的な人間は、他者との比較において自分が幸福かどうかを測る傾向にあり、「人は自分の年収が1000万円でほかの人の年収が2000万円の場合よりも、自分の年収が500万円でほかの人の年収が250万円の世界に暮らすほうを好む」という研究結果もあります。

　幸福感がどの程度継続するかついては、「ヘドニック・トレッドミル」と呼ばれる現象で明らかにされています。ほしいものを手に入れて一時的に幸福になったとしても、その幸福感は長続きしないという

ものです。たとえば、宝くじに当たった人は一時的に強い幸福感に包まれますが、1年後には元の幸福レベルまで下がってしまいます。カーネマン博士の6万ドルの境界線などからもわかるように、人は成功にともなう収入増加で一時的な幸せを感じるものの、いずれその環境に慣れてしまいます。人間は現状に満足せず、さらなる欲望を抱き、より多くを求めるようになっているのでしょう。だからこそ経済発展があるともいえますが、常に隣の芝生は青く、真の幸せにはなかなかたどりつけないのかもしれません。

3 幸福感向上につながるお金の使い方

「お金は期待するほどすばらしいものではない」とは、カリフォルニア大学リバーサイド校の心理学教授のソニア・リュボミアスキー博士の言葉ですが、幸福（ウェルビーイング）の向上につながるお金の正しい使い方として、①自己決定理論を満たすもの、②経験、③他人、④時間をその対象にあげ、さらに⑤先払い習慣を身につけることの５つを紹介しています（『リュボミアスキー教授の人生を「幸せ」に変える10の科学的な方法』参照）。

自己決定理論を満たすものにお金を使う

自己決定理論（Self-Determination Theory）とは、人にとって普遍的な欲求とされる３つの柱からなるモデルで、これらの欲求が満たされたとき、モチベーションやウェルビーイングは増幅し、この欲求が満たされない、あるいは制限を受けるときに、人の適切な機能に悪影響を及ぼすとされています。その３つとは、「自主性」（自分の行動などは自分が決めたい）、「有能感」（自分の能力を肯定的に認めたい）、「関係性」（自主性や有能感をもちながらも、あたたかい人間関係を築き、他者とのつながりを感じたい）で、このうち一つ以上の欲求を満たすものにお金を使うことがポジティブ感情を増幅させ、幸福の連鎖反応を起こすことにつながります。

たとえば筆者の場合、以前から弦楽器を演奏することにあこがれがあり、チェロを始めました。練習を重ねるうちにまともな音も出せるようになり、「もしかして、私ってイケてるかも」などと心の中でほくそ笑むのですが、筆者にとってはチェロの練習中はすべてを忘れて

没頭できる幸せな時間です。そして、筆者の幸せ感が家のなかにあることで、家族にもゆったりとした気分が伝わっていると信じています。また、グループ演奏などで多くの人と出会い、新しい関係性が生まれます。逆説的ではありますが、楽器の購入から「お金では買えない」、かけがえのないものを手に入れることができました。

経験にお金をかける

経験にお金をかけるとは、友人や家族で食事や旅行にでかけたり、映画を見に行ったり、趣味や娯楽、時には学ぶことに金銭を支払うことが、具体例としてあげられます。

「経験のほうが、それと同じ価格のモノより人を幸せにする」ことが、いろいろな研究から明らかになっています。

経験は社会的なもの、他者とのかかわりであり、分かちあうことができます。分かちあう人がいれば、少々ネガティブなことが起きたとしても、すなわちいまは自分が思うほどよい状況ではないとしても、かつての楽しかった出来事を仲間と思い返したり、あるいは同窓会などで生まれる会話などから楽しかった当時を振り返ることで、いまのネガティブな感情を打ち消すことができます。

また、品物などは時がたっても形は変化しないものの、他人のもっているモノのほうが新しくて良いと思った瞬間から、自分のもつ「モノの価値」は色あせていきます。経験や、「楽しかった」などの記憶はほかの人と比較できませんので、自分自身のポジティブ感情を保つことにつながります。

経験の頻度も影響を与えます。1回の大きな楽しみより、断続的な複数回の小さな楽しみのほうが、人生の満足感を増幅させます。年に一度、豪勢な食事にお金を使うより、友人との食事といった、ささやかな楽しみを週あるいは月に何度か繰り返すほうが幸せを感じ、幸福感を継続させられます。

以前、自動車のコマーシャルに「モノより思い出」というキャッチコピーがありました。「思い出」という経験のほうが、モノよりもすぐれていると感じさせるもので、「この車に乗って家族や友人たちと素敵な経験をしてください」というメッセージが伝わってきます。なお、この「車」というモノ自体は、「自己決定理論を満たすもの」に当たります。

他人に対してお金を使う

　ブリティッシュ・コロンビア大学のエリザベス・ダン博士らの研究に、「ボーナスによって従業員がどれくらい幸せになったか」の調査があります。ある会社でまとまった額のボーナスを支給したところ、もらった額に関係なく、自分のものを買った人やローンの支払いにあてた人は幸福度に影響が見られませんでしたが、他人や慈善に対して使った人には幸福度の向上が認められました。別の調査でも、5ドルを入れた封筒と20ドルを入れた封筒を用意し、それらをアトランダムに大学キャンパス内で手渡し、その際、対象者の半分には「封筒のなかのお金を自分のために使ってください」と伝え、半分の人には「慈善事業への寄付か、他者への贈り物のために使ってください」と頼んだところ、金額の多寡には関係なく、他人のためにお金を使った人たちのほうが、はるかに幸福度が上がったという結果が出ました。

　他者のためにお金を使うことは、相手の社会的背景や人間性を理解し、その人の存在意義を認めることにつながりますので、自分の自己肯定感を高めるとともに、相手の存在価値を高めることにもつながります。そして何より、自分自身が「他人に対してお金を使える幸福な人間」として自分の幸運に感謝できるといったポジティブ感情を高めます。さらに、新しい友情や人間関係を育み、よりよいつながりを形成していくこともできます。

　自分が人の役に立っているという肯定感（社会的承認）は、自身の

幸福感を高めそれを長続きさせるひとつの方法といえるでしょう。

なお、ここでいう自己肯定感とは、「自分自身の価値や存在を大切だ、かけがえのないものだと思える心の状態」（Self-Esteem）をあらわします。自己肯定感が高いと積極的な人間関係を築けますが、低いと対等な立場をとりにくいために良好な人間関係を築くことが困難で卑屈になったり、孤立しやすくなります。

時間にお金を使う

ダニエル・カーネマン博士は長年の研究結果から「幸福とは、自分が愛する人、自分を愛している人とともに時間を過ごすことだと言っても、あながち言いすぎではない」と述べています。

みなさんは、自分にとって大切な人と一緒にいることができる時間がありますか？

日本人の残業時間は他国と比べて多く、大切な人と一緒に過ごす時間を売っているかのようです。最近はワークライフバランスの時代といわれ、30代を中心に仕事から家族へと価値観が変化していることがうかがわれますが、すべての人にうまく機能しているわけではありません。仕事は忙しいが家族との時間もほしいとなると、どこかでその時間を調達しなければなりません。

たとえば、奥様の誕生日に早く帰るつもりが、思わぬトラブルで予定の時間より遅れてしまった場合、歩くよりタクシーを使ったほうが20分短縮できるなら、その20分という時間のためにお金を使うなどです。これで奥様の機嫌も良くなり、自分も安心感が得られたりします。また、女性の社会進出という観点からも、家事や育児、介護で人の手を借りる、すなわち有料で提供されるサービスを利用することなども、時間を買う例としてあげられます。

このようなサービスによって得られた時間を自分のために使うことも、幸福の向上につなげるひとつの方法となります。

先払い習慣を身につける

　筆者にとって子どもの頃の遠足はとても楽しいワクワクすることでしたが、遠足から帰ったあとには、楽しいことが終わってしまったという少ししんみりした気持ちをいつも感じていました。感情には起伏がありますが、高い期待感や現実的な「楽しい」「おもしろい」というポジティブな感情の高揚感から一気に通常の生活に戻ることはちょっとした喪失感をもたらし、寂しい気分を引き起こします。いうなれば、祭りのあとの寂しさです。こんな感情に陥った経験のある人は多いことでしょう。

　また、楽しい時間にも終わりがあることがわかっていると、楽しいなかにあっても「あ、もうこの楽しい時間が終わっていく」などとネガティブな気持ちが頭をもたげてきたりします。実際に体験しているときよりも、準備や計画を立てているときのほうが期待感が大きく、幸せだと感じることが多いのです。

　そして強烈な達成感やポジティブ感情を味わったあとの幸福感は長続きせず、すぐに通常のワクワク感のない状態に戻りやすく、さらには通常時よりも幸福感を下げてしまう可能性があることも研究からわかっています。

　最近は代金の支払い方法としてクレジットカードやリボルビング払いもあり、実際にお金が手元になくても簡単になんでも購入できます。街角にはキャッシングマシーンもたくさんあり、買物依存症などに陥るケースも見受けられますが、衝動買いでの「すぐに得られる喜び」は満足感や充実感を長続きさせてはくれません。

　期待感が高まり、ワクワク感をもって日々を過ごすためには、「支払いは、現金を用意するか、先に済ませておき、そのあとに楽しむ」ことを心がけることが大切です。「先払いの習慣づけ」とは、楽しみは先にあるという期待が続くことを示しているのです。

4 仕事に見出す幸福度

　仕事に幸福度を見出せるかどうかは、個人の仕事に対する価値観（どのようにとらえているか）によるところが大きく、現在従事している仕事の価値が自分の人生にどういう意味をもつかが、仕事に対する満足感を左右します。
　仕事に対する価値観は、以下のとおり大きく3つに分けられ、もっとも幸福度が高いのがコーリング（天職）です。

- ジョブ（労働）：仕事を単なる労働ととらえ、報酬を目的にしている（収入を得て生きる糧を得る。外発的動機）
- キャリア（経歴）：経歴の向上、より大きな力や地位等を目標としている（職業人として仕事上でのステップアップをめざす。外発的動機と内発的動機の混在）
- コーリング（天職）：社会の役に立っているという社会的意義を感じて働く。仕事に対する向き合い方に焦点を当てている。大きなストレスもなく、集中力をもって仕事に取り組む（仕事をすることが幸福につながり、生きがいとしての意義や意味をもつ。内発的動機）

何のためにその仕事をするのか

　よく用いられるたとえ話に、イソップ寓話の「レンガ職人の話」があります。レンガを積み上げている3人の職人に、通りすがりの旅人が「あなたは何をしているのですか」とたずねる話です。
　1人目：見ればわかるだろう。くる日もくる日もただレンガを積み上げているだけだよ。雨の日も強い風の日も、暑い日も寒い日も一日

中レンガ積みだ。なんでオレはこんなことをしなければならないのか、まったくついてない。

　旅人は、「大変ですね」と慰めの言葉をかけます。

２人目：ここで大きな壁をつくっているんだ。これがオレの仕事でね。この仕事で家族を養ってるんだ。家族全員が食べていけるのだから、大変だなんて言ったらバチが当たるよ。

　旅人は、励ましの言葉をかけます。

３人目：歴史に残る偉大な大聖堂をつくっているんだ。ここで多くの人が祝福を受け、悲しみをはらうんだ。すばらしいだろう。

　旅人は、お礼の言葉を残して、元気いっぱいに歩き始めます。

　同じレンガを積むという仕事を、１人目はジョブと考え、２人目がキャリア、３人目はコーリングととらえています。同じ仕事をするのでも目的や意義をもっているのといないのとでは、本人の働く意欲だけでなく、周りに対する影響も変わってきます。

　仕事をコーリングととらえることができるかは、仕事が自分にとって意義や意味のあるものかという価値観がベースになってきますが、そこで大事なのは、会社との間に確固たる信頼関係、会社とのポジティブな感情の結びつき、すなわち「エンゲージメント」ができているかということです。

自分の仕事に意味や意義をみつけ出す

　たとえば、仕事に満足感を得られず、上司とも折り合いが悪く、会社に対する不満ばかりで、仕事に対しての幸福感もない、ある大手メーカーの女性社員は、あるときふと「自分はこの会社の企業理念と、どうかかわっているのだろう」と考えました。

　自分が行なっている仕事が人の役に立っているかどうかは、多くの場合、実際に見ることはできません。しかし、「自分がいまここにいて、いまの仕事をしているのは、この会社の企業理念に結びつく」こ

と(会社と自分とのエンゲージメント)を認識できたなら、たとえば折り合いの悪い上司も同じ目的に向かって仕事をしているんだと理解することで、上司に対する見方は変わってくることでしょう。

　仕事をジョブととらえていると、お金のためだけに自分の時間をとられると感じ、やらされているという気持ちが消えません。自分の意志で働くのではなく、他人の指示で働かされていると考え、上司に対する不満や職場環境の良し悪しに気をとられがちです。

　何のために仕事をするのかは個々人で異なりますが、仕事に対する価値観をジョブからキャリア、コーリングへと変えることができれば、より一層の幸福を感じることができるはずです。

　先述の女性社員は、立ち止まって自分の会社の企業理念と仕事に向き合う時間をもつことによって、いまの自分の立ち位置を確認したのです。自分自身を見直し、自分にとっての仕事の意味や意義を見出せたなら、会社とのエンゲージメントを強く心にもつことができ、仕事に対する幸福感を味わえることでしょう。

快楽順応に終わりはない

　最近では日本でも転職は珍しいことではなくなりました。「思っていた仕事内容と違う」「もっと自分の力を発揮できる仕事がしたい」など、転職理由はさまざまですが、なかには、転職を繰り返す人(ジョブ・ホッパー)もいます。このジョブ・ホッパーに共通する特質のひとつに「快楽順応」があります。

　第2項でも紹介したように、人には新しい環境に適応するというすぐれた能力がありますが、新しい環境にはいずれ慣れてしまいます。また、人は快適な状況にいるとそれを当然と思うようになります。それが快楽順応です。快楽順応はポジティブな変化に対して、もっとも起きやすいとされています。

　ジョブ・ホッパーの多くに共通している特質としては、高期待値感

もあげられます。新しい仕事を始めた頃は自分の選んだ仕事にありがたさを感じますが、目新しい仕事が普通のことになると、「自分にはもっと収入を得ることができる、もっと幸福になれる」と期待を高めていきます。そしていずれ、いまの仕事に満足できなくなり、さらなる幸福を求めるという繰り返しに陥りやすいのです。

　この快楽順応と高期待値感に陥ると、けっして満足することはありません。新しい職場に移れたことで、はじめは幸福感が高くモチベーションも上がりますが、その後、快楽順応と高期待値感が起こり、結局は職場に対する不満がふくらんでいきます。「こんな職場なら前のほうがよかった」と自ら望んだ転職（異動）が失敗だったと感じ、転職（異動）を繰り返すたび幸福のレベルをより下げる傾向にあるようです。

　では、どうしたら仕事の意味や意義をみつけることができるのでしょうか。そのためには、自分自身の内面での「仕事の棚おろし」「仕事の見える化」が効果的と考えられます。

5 仕事を可視化するジョブ・クラフティング

　働くことは、人生にとってとても重要なものです。前項で紹介したジョブ・ホッパーは何かを求めて会社を転々とするのですが、それは大変なエネルギーを費やし、経歴や収入面でマイナスの結果になることもあります。不満があるからと、安易に「仕事」を変えることを考える前に、いまの仕事に対する動機づけは何か（なぜその仕事を選んだのか）、仕事をするうえでの自分の強みや関心は何かを探り出し、職務を見直してみると、仕事の意味や意義が再確認できます。

　仕事を可視化して自分の強みや能力を明らかにしたうえで、仕事の内容、仕事に対する認識、人間関係を組み立て直していくことがジョブ・クラフティングです。Job（仕事）をCrafting（手作業で組み立てる）の言葉のとおり、仕事の価値を再考し、自分にとって仕事とは何かを再確認することで、ジョブからキャリアへ転じ、さらにコーリングを自ら探っていくフレームワークです。与えられた仕事を自分なりに再定義してみると、新しい視点で仕事をとらえたり、仕事に自分らしさを加えたりできるようになります。

ジョブ・クラフティングの3つの柱

　ジョブ・クラフティングは、業務範囲の設定、関係性の構築、仕事に対する認識の3つの変化を通じて行なっていきます。

- 業務範囲の設定…担当業務の範囲を調整したり、やり方を変えてみたり、いままでの業務内容の境界線を引き直す行動
- 関係性の構築…仕事にかかわる人間関係を再構築、調整していく行動。仕事をしていくうえで、だれと連携するのか、だれとかか

わっていくのか、だれの助けを得るのか、といった人間関係を変えていく行動
- 仕事に対する認識…仕事の最終目的を確認し、担当業務の目標を見直すことによって、仕事に対するとらえ方を変えて、意義を感じない仕事を有意義な仕事に変化させるような行動

「私の仕事の棚卸表」を作成する

　ところで、自分の仕事分析を行なった結果、自分の仕事をジョブととらえている人、キャリアと考えている人、コーリングと認識している人の比率はおおよそ三分の一ずつになるという研究結果があります。人の職業人生においては、ジョブだから悪いとか、コーリングでなければ働く意味がないということではなく、家族と過ごすために働いていると考えているなら、仕事自体はジョブととらえていても構わないでしょう。ただ、同じ働くならば、お金を稼ぐためにやらされている、あるいはやっていると考えるよりも、仕事をコーリングととらえ直す、すなわち、その仕事のなかに何らかの意味をみつけ出したほうが、幸せを感じることは間違いありません。

　たとえば病院の掃除担当者が、清潔な環境をつくることを通して、患者やその家族、病院スタッフなどが元気になってもらうことに働く意義を感じているならば、それは単にお金を稼ぐジョブにはとどまりません。従事する仕事を通じて、もっと人に喜んでもらうにはどうしたらいいだろうか、どうしたら役に立てるだろうか、と自分の技術を日々磨くことが、仕事に対する誇りや自信となり、日々何かを成し遂げているという充実感を味わうことにもつながるのです。

　ジョブ・クラフティングは、自分自身のモチベーションがどこにあるかを知るヒントにもなれば、ジョブからキャリア、コーリングへと向かう道筋をみつけるヒントにもなるはずです。以下を参考に、仕事の棚卸表を作成してみましょう。

私の仕事の棚卸表

　ジョブ・クラフティングの効果としては、「仕事の成果を高める」「エンゲージメントを高める」「仕事の楽しさが増す」「スキルを形成する」「仕事に対する全体的な能力を増加させる」などが期待できます。ただし習慣化することが大切です。年に一度など、定期的に実施することで、モチベーションの維持向上につなげられます。
　以下では、ジョブ・クラフティングをベースにアレンジした、「私の仕事の棚卸表」を作成します。6つのステップを通じて、仕事を「見える化」していきます。自分自身の現在の仕事を「見える化」することで、いまの仕事をどうしたらもっと楽しく、意義をもって進めていくことができるのかを考えるようになり、周囲や会社にも良い結果をもたらします。

企業理念					
私の仕事	人間関係	感情	強み/弱み/スキル	ジョブ/キャリア/コーリング	行動計画

Step 1

　まず大切なのは、所属する会社の「企業理念」です。大きな紙やホワイトボードなどを使って、一番上に「企業理念」を書き入れます。組織に属さない人は「自分の仕事は何のためにしているのか」、言い換えると仕事をすることの意義や意味、あるいは仕事に対する決意などを書いてください。企業理念を書き込むことは、「自分の仕事は何のためにあるのか」をあらためて認識させてくれます。常にそれを意識しながら仕事分析をしていくことが大変重要です。

　続いて仕事分析をしていきます。まず、「私の仕事」欄に、取り組みや作業など10〜15項目を、時間を多くかけている順に書き入れます。そして、それぞれの仕事について、かかわりのある人の名前や部署名を「人間関係」欄に具体的に記します。

Step 2

　「感情」欄は、「私の仕事」「人間関係」の一つひとつの項目に対する自分の感情を記入します。この感情は主観で決めます。どのような感情があるかは「感情の4象限」を参考にしてください。その際、「怒り」「喜び」「興奮」といった感情の特性に応じて、ポジティブ感情：青、ネガティブ感情：赤、中立な感情：黄などで色分けします（色ペンで記入する、あるいは色別の付箋に記入し貼る）。

【感情の4象限】

高エネルギー

	サバイバルゾーン			パフォーマンスゾーン		
ネガティブの誘発性	反抗的 不安 怒り 羨望	防御的 おそれ イライラ 短気	困った 心配 憤慨 媚び	意欲 熱意 受容 刺激 喜び	誇り 楽観 幸福 切望	自信 驚愕 挑戦 興奮
	退屈 絶望	憂鬱 悲しみ	空虚 疲労	気楽 安心 穏和	平和 受動的	穏やか 楽天的
	燃え尽きゾーン			リカバリーゾーン		ポジティブの誘発性

低エネルギー

Step 3

「強み／弱み／スキル」欄では、それぞれの仕事でどのような強み（可能性）、スキル、弱みがかかわっているかを考えます（強み、スキル、弱みは重複可）。たとえば、強みは、楽しんでやっていること、スキルは、楽しくはないが訓練により習得しておりできること、弱みは、うまくできないことや疲れることなどがあげられます。強み／弱み／スキルにどのようなものがあるかは、「24の強み」を参考にしてください。なお、ここでは強みとして24項目をあげていますが、使えていない（身についていない）強みは、「弱み」に該当します。たとえば、「忍耐力」という強みが、自分には業務上で欠けていたり、その力を使うと疲れてしまうとするならば、忍耐力は「弱み」と考えます。

そして「強み」（可能性）は青、「スキル」は黄、「弱み」は赤で書き込みます（または色別の付箋に記入して貼る）。強みや弱みまではいかないが、なんとなくできているというものは、「ニュートラルな強み」とみなし、スキルとして黄色で記入します。たとえば、「寛容」は、業務上は寛容でいられるが、それを使うことが楽しいとは思わないと感じている場合です。

【24の強み】
創造性	好奇心	向学心	柔軟性	大局観	真情（誠実さ）
勇敢さ	忍耐力	熱意	親切心	愛情	社会的知能
公平さ	リーダーシップ		チームワーク		寛容（慈悲深さ）
慎み深さ（謙虚さ）		思慮深さ	自己調整	審美眼	感謝
希望	ユーモア	スピリチュアリティ			

Step 4

ここでは、それぞれの仕事がジョブなのか、キャリアなのか、コーリングなのかを判断します。ここまで記入してきた棚卸表から、各仕事が自分にとってどんな意味をもつか考えてみます。

以下の質問を自分自身に投げかけてください（ペアワークでは、相手に質問してもらいます）。

1. それは「仕方なくしていること」ですか
2. あなたの今後の進展や成長にかかわることですか
3. あなたの人生に深い意義や意味をもたらすものですか

上記1〜3のうち、該当するものが1ならジョブ、2ならキャリア、3ならコ

ーリングです。ジョブは赤、キャリアは黄、コーリングは青として色ペンで書き込みます（またはその色別の付箋に記入して貼る）。

Step 5

いったん手を休めて「私の仕事」を俯瞰してみましょう。色ペン（色別の付箋紙）でいっぱいになっている棚卸表では、何色が多く、何色が少ないか、ゆったりと眺めてみます。そして、たくさんの色が何を伝えているか、自分自身に問いかけてみてください。一般的な傾向としては、次のことが読み取れます。

- 赤色が多い→あまり楽しみやワクワク感はもっていない。どちらかというと「やらされ感」がある（ジョブ系）
- 黄色が多い→ネガティブな感情ややらされ感はない。自分としては淡々とこなしていける仕事だと思っている（キャリア系）
- 青色が多い→その仕事をしているとワクワク感があり、将来への期待値も高く、やりがいや意味、意義を感じている（コーリング）

Step 6

最後に、「行動計画」に取りかかります。それぞれの仕事を「修正」「とらえ方を変える」「そのまま」にするのかを記入します。その後、「修正」「とらえ方を変える」とした仕事のうち5項目程度を選び、その仕事に対する取り組み方（決意）を下図を参考にして「行動計画」欄に書き入れます。このとき、黄色や赤色は減らす方向で考え、青色は現状を維持するか増やしていきます。

何かを変えるときには、自分のためだけではなくほかの人、会社にとってもメリットのあることを考えると効果的です。ゼロベース思考（いままで培ってきたことや成果が出た方法論を一度すべて捨て去り、新たに考えること）に立つことがポイントです。

方法としては、①ブレインストーミング、②ペアワーク、グループワーク（人と対話をしながら決意ストーリーをつくっていく。まったく別の仕事をしている人からのアドバイスなども有効）があります。

企業理念	地球の未来をみつめ常にチャレンジと創造を通じて社会と人々の幸福に貢献する				
私の仕事	人間関係	感情	強み/弱み/スキル	ジョブ/キャリア/コーリング	行動計画
資料作成	チーム内連携者 営業チームリーダー	意欲 自信 誇り	誠実 チームワーク 公平	キャリア	強みの誠実さをもって積極的に人とかかわる《修正》
営業検討会議	事業部長 営業チームリーダー	イライラ 防御的 受動的	忍耐力 寛容 知的柔軟性	ジョブ	仕事のとらえ方を変える《とらえ方を変える》
商品企画	製造技術者	刺激 挑戦 幸福	熱意 創造性 希望	コーリング	時間を増やす《そのまま》
営業調査					

↑ステップ1　↑ステップ2　↑ステップ3　↑ステップ4,5　↑ステップ6

　上記の例では、「資料作成」でもう少し人間関係を広げることで（チーム内だけではなくチーム外の人の意見を聞くことで）その資料がどのように役立っているのかに関心が向き、ほかの人の要望等を聞くことで資料作成という仕事にもっと熱意が湧き、一層ポジティブに取り組むようになるかもしれません。

　「営業検討会議」は、表のうえでは「仕事のとらえ方を変える」とだけ記していますが、これが一番気乗りのしない楽しくない仕事になっているので、この仕事を減らすのか、ステップ2や3で赤色の感情や弱みに注目し、どのようにすれば会社と自分の双方にとって、よりよい状態になるのかを検討し書き込んでいきます。

　このように、ジョブ・クラフティングを通じて（「仕事の棚卸表」を作成することで）、いまの仕事と自分の感情とのマッチングを明確にし、現在担当している仕事をどうしたら最適化できるのかを考えます。それを行動に落とし込んで実践することで、どのようなポジティブな効果があるのかを確認します。

　繰り返しになりますが、この作業は習慣化することが重要です。習慣化できなければ、何の変化も期待できません。また、ジョブ・クラフティングは自分自身（従業員自身）が主導的に行なうことで効果があらわれるものであり、上司やリーダーは関与しないことを前提としています。

参考文献

Fred Luthans, Bruce J. Avolio, James B. Avey and Steven M. Norman, "Positive Psychological Capital: Measurement and Relationship with Performance and Satisfaction", *Personnel Psychology*, 60(3), 2007, pp. 541-572.

渡辺弘純著「希望の心理学について再考する－研究覚書」(『愛媛大学教育学部紀要』2005年、52巻1号41-50頁)

白岩航輔著「自己効力感の向上プロセスに関する研究－人事社員を対象にして」(『神戸大学大学院生ワーキング・ペーパー』2013年、201309a)

P. Alex Linley and Stephen Joseph, "Positive Change Following Trauma and Adversity: A Review", *Journal of Traumatic Stress*, 17(1), February 2004, pp. 11-21.

石毛みどり、無藤隆著「中学生における精神的健康とレジリエンスおよびソーシャル・サポートとの関連－受験期の学業場面に着目して」(『教育心理学研究』2005年、53巻3号356-367頁)

今村一二美、井上健著「対処的悲観者に対する印象形成と対人関係について－対処的悲観主義と方略的楽観主義」(『臨床教育心理学研究』2008年、34号7-19頁)

中村祐次郎、牧郁子著「対処的悲観主義者と方略的楽観主義者の気晴らしプロセスと精神的健康の関連の検討」(『大阪教育大学紀要』2013年、第Ⅳ部門61巻2号163-176頁)

細越寛樹、小玉正博著「対処的悲観者の心理的well-beingおよび主観的well-beingの検討」(『心理学研究』2006年、77巻2号141-148頁)

「ターリ・シャーロット(Tali Sharot): 楽観主義バイアス」, 2012, TED, http://www.ted.com/talks/tali_sharot_the_optimism_bias?language=ja

ダイヤモンド・オンライン「World Voice premium」第95回、2014年8月12日、「楽観的な人、悲観的な人がいるのはナゼ 脳科学が解き明かす人格形成の秘密」(http://diamond.jp/articles/-/57499)

村田英代、菊島勝也著「防衛的悲観主義者における認知的方略の認識の検討」(『愛知教育大学研究報告 教育科学編』2009年、第58輯97-105頁)

J.K. Norem and K.S.S. Illingworth "Strategy-dependent effects of reflecting on self and tasks: Some implications of optimism and defensive pessimism", *Journal of Personality and Social Psychology*, 65(4), October 1993, pp. 822-835.

Tom Rath and Jim Harter, "*Wellbeing: The Five Essential Elements*", Gallup press, 2010.

小澤克彦著「生と死に向き合った哲学者たち-6. アリストテレスの『人間、生き方、社会』の論」(http://www.ozawa-katsuhiko.com/16tetsugaku/tetsugaku_text/tetsugaku06.html)

A. Wrzesniewski and Jane E. Dutton, "Crafting a job: Revisioning employees as active crafters of their work", *Academy of Management Review*, 26(2), 2001, pp. 179-201.

A. Wrzesniewski, Nicholas LoBuglio, Jane E. Dutton and Justin M. Berg, "Job Crafting and Cultivating Positive Meaning and Identity in Work", Arnold B. Bakker (ed.), "*Advances in Positive Organizational Psychology*", 1, 2013, pp. 281-302, Emerald Group Publishing Limited.

A. Wrzesniewski, Clark McCauley, Paul Rozin and Barry Schwartz, "Jobs, careers, and callings: People's relations to their work", *Journal of Research in Personality*, 31(1), 1997, pp. 21-33.

Michael F. Scheier, Charles S. Carver and Michael W. Bridges, "Distinguishing optimism from neuroticism (and trait anxiety, self-mastery, and self-esteem): A reevaluation of the Life Orientation Test", *Journal of Personality and Social Psychology*, 67(6), 1994, pp. 1063-1078.

Keiko Ito, Ralf Schwarzer and Matthias Jerusalem,「日本語版 一般自己効力 質問表」2005年〈based on Schwarzer, R., & Jerusalem, M., 1995〉(http://userpage.fu-berlin.de/~health/japan.htm)

C. R. Snyder, Cheri Harris, John R. Anderson, Sharon A. Holleran, Lori M. Irving, Sandra T. Sigmon, *et al.*, "The will and the ways: Development and validation of an individual-differences measure of hope", *Journal of Personality and Social Psychology*, 60(4), 1991, pp. 570-585.

Gail M. Wagnild and Heather M. Young, "Development and Psychometric Evaluation of the Resilience Scale", *Journal of Nursing Measurement*, 1(2), 1993, pp. 165-178.

下野淳子『海外赴任のために必要なこと』角川学芸出版、2013年

マーティン・セリグマン著、宇野カオリ監訳『ポジティブ心理学の挑戦』ディスカヴァー・トゥエンティワン、2014年

マーティン・セリグマン著、小林裕子訳『世界でひとつだけの幸せ』アスペクト、2004年

タル・ベン・シャハー著、成瀬まゆみ訳『ハーバードの人生を変える授業』大和書房、2010年

ロイ・バウマイスター、ジョン・ティアニー著、渡会圭子訳『WILLPOWER 意志力の科学』インターシフト、2013年

ダニエル・カーネマン著、村井章子訳『ファスト＆スロー』早川書房、2014年

ケリー・マクゴニガル著、神崎朗子訳『スタンフォードの自分を変える教室』大和書房、2012年

ヴィクトール・E・フランクル著、霜山徳爾訳『夜と霧』みすず書房、1985年

玄田有史著『希望のつくり方』岩波書店、2010年

アルバート・バンデューラ編著、本明寛、野口京子ほか訳『激動社会の中の自己効力』金子書房、1997年

児玉光雄著『錦織圭 マイケル・チャンに学んだ勝者の思考』サンクチュアリ出版、2014年

イローナ・ボニウェル著、成瀬まゆみ監訳『ポジティブ心理学が1冊でわかる本』国書刊行会、2015年

カレン・ライビッチ、アンドリュー・シャテー著、宇野カオリ訳『レジリエンスの教科書』草思社、2015年

足立啓美、鈴木水季、久世浩司著、イローナ・ボニウェル監修『子どもの「逆境に負けない心」を育てる本』法研、2014年

久世浩司著『「レジリエンス」の鍛え方』実業之日本社、2014年

マーティン・セリグマン著、山村宜子訳『オプティミストはなぜ成功するか』講談社、1994年

ジュリー・K・ノレム著、西村浩監訳『ネガティブだからうまくいく』ダイヤモンド社、2002年

ソニア・リュボミアスキー著、渡辺誠監訳『リュボミアスキー教授の人生を「幸せ」に変える10の科学的な方法』日本実業出版社、2014年

バーバラ・フレドリクソン著、植木理恵監訳『ポジティブな人だけがうまくいく3：1の法則』日本実業出版社、2010年

ショーン・エイカー著、高橋由紀子訳『幸福優位7つの法則』徳間書店、2011年

下野淳子（しもの・じゅんこ）
大手総合商社、電器メーカーにて貿易業務に携わったのち、海外在住経験をもとにメンタル強化のための活動に取り組む。現在、在外邦人向けメンタルヘルスセミナーの国内外での講演やプロデュースを行なう。産業カウンセラー、心理相談員、レジリエンス・トレーナー、ポジティブサイコロジー・コーチ、株式会社PsyCap Partner代表。
著書『海外赴任のために必要なこと』

メンタル・タフネス
—はたらく人の折れない心の育て方

著者◆
下野淳子

発行◆平成28年1月1日 第1刷

発行者◆
讃井暢子

発行所◆
経団連出版

〒100-8187 東京都千代田区大手町1-3-2
経団連事業サービス
URL◆http://www.keidanren-jigyoservice.or.jp/
電話◆[編集]03-6741-0045 [販売]03-6741-0043

印刷所◆大日本印刷

©Shimono Junko 2016, Printed in JAPAN
ISBN978-4-8185-1510-9 C2034

経団連出版　出版案内

事例に学ぶ！モチベーション・マネジメント
組織活性化の処方箋

菊入みゆき 著　A5判 146頁 定価（本体1300円＋税）

さまざまな業種でいろいろな立場の社員を対象に行なわれたモチベーション向上の施策や取り組みを、具体的かつわかりやすく紹介しています。そのまま使える事例、アレンジして応用できるアイデアを数多く取り上げています。

ポジティブ・シンキングの仕事術
人と職場を変えるプラス思考30

川端大二 著　四六判 136頁 定価（本体1300円＋税）

いま、ビジネスパーソンに求められている"新しい状況を作り出す変革力"の基礎となるポジティブ・シンキングはどうすれば身につくのか。魅力的な人間になるための自分改革から職場改善まで30ポイントを述べます。

「健康経営」推進ガイドブック

岡田邦夫 著　A5判 88頁 定価（本体1000円＋税）

企業が従業員の健康管理を経営課題としてとらえ、健康の保持・増進に取り組むことで労働生産性の向上や組織の活性化をはかる「健康経営」という考え方を、その普及に長年取り組んできた筆者がコンパクトに解説します。

「ストレスチェック」導入ガイドブック

増田将史 著
石井妙子 監修　A5判 128頁 定価（本体1200円＋税）

2015年12月から従業員50名以上の全事業所での実施が義務づけられた「ストレスチェック」を、政府審議にも参画した筆者が、制度の導入手続きや運用上の留意点等をQ&Aでわかりやすく解説します。